QUE ENTIERREN

COMO DIOS

MANDA A SUS MUERTOS

Aureliano Martín Alcón

© Aureliano Martín

© Que entierren como Dios manda a sus muertos

ISBN papel: 978-84-686-7680-7

ISBN digital: 978-84-686-7681-4

Impreso en España

Editado por Bubok Publishing S.L

A los que aún continúan abandonados en las cunetas. No pararemos hasta encontrarlos a todos; porque les debemos tanta generosidad en su muerte como la que ellos entregaron en sus vidas

.

Aunque esta historia esta basada en hechos reales, los personajes y las situaciones narrados son de ficción. Cualquier parecido con la realidad es pura coincidencia.

En la madrugada del 11 al 12 de julio de 1941 cinco personas murieron en un bombardeo que fue achacado a un error de la aviación italiana en su hostigamiento a las líneas aliadas en Gibraltar.

Mucho tiempo despúes D. Antonio García Borrajo (exsargento de la aviación republicana) me habló de su red de fugas, mediante la cual trasladaba a Gibraltar soldados aliados y evadidos de los nazis. En aquellas narraciones me quedó la duda de que la historia oficial fuese la verdadera... Como todo lo que nos contaron.

Ese "error" pudo ser debido a las conspiraciones que se producían en un régimen asentado en el terror. Lastima que dichas conspiraciones también afectaran a algunos republicanos que no aceptaban la derrota.

Si la historia nos ayuda a no cometer los errores del pasado, y esta la escriben los vencedores, horas es ya de que los perdedores empecemos a reescribirla.

Hay una vieja tradición que dice que un día al año el Libro de la Vida debe abrirse para inscribir a todos los que han nacido y los que han muerto, y se extiende hasta el punto de incluir los distintos medios de extinción y eliminación en este Valle de Lágrimas.

Es una larga lista tétrica que comienza así

"¿Y Quién en el fuego?

¿Quién en el agua?

¿Quién a la luz del sol?

¿Quién durante la noche?

¿Quien en el santo martirio?

¿Quién en juicio ordinario?

¿Quién en tu alegre mes de mayo?

¿Quién en lenta decadencia?

¿Y de parte de quién debo decir que llama...?

¿Quién en solitaria caída?

¿Quién con barbitúricos?

¿Quién en estos reinos de gracia?

¿Quién con algo sin filo?

¿Quién bajo una avalancha?

¿Quién en el polvo?

¿Quién por su envidia?

¿Quién por su hambre?

¿Y de parte de quién debo decir que llama...?

¿Quién en bravo ascenso?

¿Quién por accidente?

¿Quién en su soledad?

¿Quién ante el espejo?

¿Quién por orden de su mujer?

¿Quién con sus propias manos?

¿Quién en designio mortal?

¿Quién al mando?

¿Y de parte de quién debo decir que llama?

Leonard Cohen

BOMBARDEO DE LA LINEA DURANTE LA II GUERRA MUNDIAL

Un trágico error de los italianos en su ataque a Gibraltar

"Cuando los linenses se preparaban con ilusión para ver renacer su Velada, unas fiestas cuya última edición se había visto trágicamente interrumpida por la Guerra Civil.

Ahora, cinco años después, la población de La Línea se preparaba para dejar a un lado, aunque sólo fuese por unos días, sus penalidades cotidianas. Las entidades más representativas estudiaban la preparación de sus casetas; los cafés, bares y comercios esperaban que todo aquello se dejase notar devolviendo a la ciudad parte de su perdida vitalidad; y no eran pocos los aficionados ya que habían estado haciendo pronósticos sobre las figuras que podrían componer el siempre atractivo cartel de Toros de la Velada linense, un cartel que al final se montaría con los diestros Vicente Becerra, Juanito Belmonte y Pepe Luis Vázquez.

Simplemente por estar ubicados junto a Gibraltar, separados de un objetivo de guerra por la ilusión de una barrera fronteriza, la noche del 11 al 12 de Julio de 1941, quedaría marcada para siempre en la historia de la ciudad con letras de tragedia.

A más de tres mil kilómetros de distancia, en las pistas de un aeródromo italiano, un solitario Savoia Marchetti SM-82 "Marsupiales" calentaba motores. En su vientre aparecían fijadas tres mortíferas bombas que el aparato debía llevar desde Cerdeña hasta la Bahía de Algeciras.

Sobre las tres de la madrugada del sábado 12 de julio, el SM-82 fue descubierto por los sistemas de detección acústica de la Roca y poco después

soltaba sus tres enormes bombas. Tal vez fuese a causa del fuerte viento de poniente, tal vez fue un trágico error de puntería, pero lo cierto es que las tres bombas lanzadas por los italianos aquella noche no cayeron sobre los mercantes ingleses, sino en La Línea de la Concepción.

Dos de ellas no hicieron explosión, quedando medio enterradas en las dunas de la playa de Poniente, pero la tercera haría blanco en la esquina que forman las calles "Duque de Tetuán" y "López de Ayala", a la altura de los números 10 y 3 respectivamente.

La explosión afectó a tres viviendas, ocupadas por la familia Caballero, la viuda de Valdés y sus hijos y la familia Ruiz-Sánchez. A pesar de que estas tres propiedades quedaron reducidas a escombros, el hecho de que la bomba cayese dentro de un pozo había evitado un desastre aún mayor. Aún así, la sacudida de la onda expansiva se haría sentir a muchos metros de distancia.

La explosión había destrozado el tendido eléctrico y no había luz.Para facilitar la labor de desenterrar las victimas se sirvieron de los focos de unos camiones militares. Soldados, policías y civiles, algunos de ellos familiares de los que permanecían enterrados, ayudaron en las labores de desescombro. Poco a poco fueron apareciendo las primeras víctimas de aquella tragedia. Los cuerpos de cinco personas: María Caballero Hidalgo, Tomás Caballero Hidalgo, Joaquina Morilla Vega, Julia Rojas Torres y José Luis Valdés Díaz fueron sacados sin vida; también hubo muchos heridos, y los casos más graves (Ana Serrano Pérez, Dolores Ruiz Sánchez, Encarnación Ruiz Sánchez y Concepción Bernaveu Sánchez, prima de las anteriores), fueron conducidos al Hospital Municipal. El resto fueron atendidos allí mismo.

La Línea quedó conmocionada por la tragedia de noche. Se decretó día de luto, y entre otras resoluciones, se acordó que todos los actos programados con motivo de la apertura oficial de la Velada quedarían aplazados hasta el domingo.

El sábado 12 de julio, con la presencia del Gobernador Civil y las autoridades municipales, tuvo lugar el sepelio de las víctimas en el cementerio de San José. Varios miles de personas acompañaron a La comitiva fúnebre a lo largo de su recorrido por las calles de la ciudad.

Las otras dos bombas arrojadas aquella noche habían caído sin hacer explosión en la playa de Poniente. Sin dar demasiada publicidad al hecho y tras identificar estos artefactos como italianos, las autoridades españolas se limitarían a plantear una protesta oficial ante los representantes de Mussolini.

A pesar de todo, la madrugada del domingo día 13, del lunes 14 y martes 15, el SM-82 repetiría sus incursiones contra la Bahía, fastidiando las tres primeras noches de feria que los linenses vivían desde hacía un lustro. La madrugada del martes 15 los reflectores lograron localizar de nuevo al bombardero enemigo, el cual, ante el fuego antiaéreo, se apresuraría a virar hacia Campamento deshaciéndose de su carga. Esta vez dos de las bombas estallaron en las cercanías de las antiguas pistas de Polo, mientras que una tercera quedaba encajada en las arenosas riberas del "Rio Cachón".

PARTE PRIMERA

CAPÍTULO I

Con un café sobre la mesa del despacho, las mangas de la camisa arremangadas y fumándose un habano; el comisario Fernández, moreno y regordete, leía con avidez. Le interrumpió su subordinado.

– ¿Quería usted hablar conmigo? –preguntó López, un policía de mediana estatura, delgado, tez pálida y de unos treinta y cinco años.

– Tome asiento, por favor. ¿Ha visto el periódico? – le interpeló mientras apagaba el puro en el cenicero. El inspector se sentó frente a su superior, separados por una mesa llena de papeles.

– ¿La detención de Fernández Baeza, "el sargento Dimitri"?

– ¡No, hombre, no! –dijo el comisario contrariado.

– ¿Lo del garrote al jefe de la checa de Fomento?

– ¡Por favor, López! Esas cosas no son noticias hoy día, y menos para nosotros –López se frotó la barbilla.

– Entonces no sé a qué se refiere...

– Le hablaba del bombardeo que se produjo en La Línea ...

– Claro ¡Los italianos haciendo lo que nosotros no somos capaces!

– ¿Matar civiles? –se sorprendió el superior.

– No, mantener a raya a los ingleses.

El comisario cogió el ventilador que estaba encima de un montón de papeles y se lo acercó a la cara.

– No creía que usted fuese uno de esos que despiden eufóricos a los héroes de la división azul.

– No, con euforia no –dijo López observando el cenicero lleno de colillas y cigarros–, pero no me gusta que los ingleses quieran volver al treinta y seis..., y encima desde un territorio que nos pertenece.

– No se preocupe..., eso no ocurrirá nunca.

– Gracias a los italianos que nos hacen el trabajo sucio...

El superior esbozó una sonrisa y encendió un cigarrillo; le ofreció otro a López, que aceptó.

– Alguien de las altas esferas no se cree lo que dicen los periódicos, piensa que en esta historia hay algo más de lo que cuentan...

– ¡Encima eso! Los italianos sacándonos las castañas del fuego, mientras nosotros nos enredamos tratando de buscarles las cosquillas; como si fuesen nuestros enemigos.

– Puede que tengas razón. En estos tiempos hay gente que ve conspiraciones en todas partes, por eso tendrás que demostrar si son paranoias de algunos que no saben qué hacer o es un asunto de tal importancia que nos puede llevar a todos por delante. Partirás hacia La Línea lo más pronto posible, no te preocupes por los gastos. Además, ya tienes la pensión pagada – Fernández le entregó un papelito con la dirección y un sobre con dinero.

El inspector salió del despacho poco convencido, pensaba que serían delirios de su superior, o de alguien, por encima de este, dispuesto a buscarse un fácil ascenso en la nueva estructura política que se estaba consolidando en el país. Tal vez peleas internas entre los que querían trepar demasiado rápido, sin pensar en tanta gente que pasaba hambre en aquella España de mil novecientos cuarenta y uno.

Partió al atardecer desde la estación de Atocha, en un tren que, tras varios trasbordos, llegaría a la de San Roque al mediodía de la mañana siguiente, después cogería un autobús hacia La Línea. Por la ventana podía admirar el paisaje. Veía los olivares, las inmensas tierras de labranza donde los campesinos con sus arados tirados por bueyes trataban de recomponer las tierras rotas durante la guerra. Con los primeros rayos del sol pudo contemplar cómo el agua, aunque escasa, brillaba en las acequias.

Se apeó del tren con desánimo, su intuición le decía que nada extraño iba a encontrar en aquel lugar. Pasaría unos días a cuenta del erario público, pero él hubiera preferido quedarse en Madrid viendo a la gente que despedía a los voluntarios que partían hacia tierras lejanas a combatir el comunismo.

La mañana empezaba a desperezarse cuando subió al autocar. Nunca había estado tan al sur y le pareció una maravilla aquel sol meridional y luminoso. Al llegar a la parada miró hacia un lado y hacia el otro, tratando de adivinar el camino que le llevaría a la pensión. En esa primera ojeada pudo descubrir una pequeña ciudad de casas blancas de cal con un mar azul que trataba de acariciarla, pero una gran roca se lo impedía. Enseguida aparecieron unos niños sucios y harapientos que se pelearon por cogerle la maleta. Aunque, sin darse cuenta, hizo el gesto de tocarse la pistola que llevaba guardada en la cintura, en ningún momento pensó utilizarla. Al ganador de la batalla le entregó el papelito que le había dado el comisario, juntos partieron hacia la pensión. No quedaba muy lejos y tardaron poco en llegar. Contemplaba la fachada y consideró que su superior era un poco austero para ciertos menesteres. López sacó una moneda de una peseta y, antes de entregársela al niño, lo miró de arriba abajo. Este arrugó el hocico y se mordió los labios. Entonces López se metió la mano en el bolsillo y le dio un billete de cinco, provocando una sonrisa en la cara sucia de aquel mocoso.

– Puedes marcharte ya para casa. Si te necesito, sé dónde buscarte.

– Quiero quedarme con usted.... No me tiene que dar nada –dijo el pequeño, mientras rebuscaba en unos pantalones cortos llenos de jirones para devolverle el billete que López no aceptó–.Vale, lo que usted quiera –concluyó el muchacho guardándose el dinero.

– ¿Cuántos años dijiste que tenías? –preguntó López, sorprendido de verlo tan espabilado.

– No se lo dije, tengo diez; pero llevo en la calle desde que acabó la guerra y murieron mis padres.

– ¿Supongo que tendrás un lugar dónde quedarte?

– Por las noches duermo con mis amigos en un edificio en ruinas.

– ¿Qué le pasó a tus padres?

– No teníamos nada para comer, nos alimentábamos de hierbas con sal... No lo pudieron aguantar y se murieron. Yo me quedé con mis tíos; pero cuando me pidieron que me fuera a Huelva al rebusco de la bellota, me largué de casa..., a buscarme la vida.

– Vete con tus amigos y mañana vienes a verme – concluyó López.

La pensión la regentaba una viuda de mediana edad, que lo recibió en el vestíbulo. Se limpió las manos en el mandil y después saludó a López. Le cogió la maleta y, desde el recibidor, le enseñó el salón iluminado por un enorme ventanal que recibía su luz de un patio que olía a lirios y a sábanas húmedas colgadas en la galería. Una larga mesa ovalada de roble ocupaba gran parte del comedor. En la planta baja se encontraba la cocina, a través de sus paredes penetraba el olor de las salsas. Abajo disponía también de dos dormitorios, pero él tuvo que subir al piso superior. La patrona lo guió por el pasillo, donde colgaban fotos familiares, y lo llevo hasta el que sería su cuarto: una pequeña habitación con una cama, un armario, una silla, que hacía las veces de galán de noche; una palangana apoyada sobre un palanganero, y una mesita que pretendía utilizara como escritorio.

El calor sofocante de La Línea y la humedad que se mezclaba con aquel olor provocado por la explosión que él tenía que investigar, mantuvieron en duermevela al inspector. Consideraba, como todo el mundo, que había sido un error de los italianos que fustigaban a los ingleses en Gibraltar. No entendía por qué su superior le había encomendado aquella misión tan disparatada fruto de mentes calenturientas que podían estar alejadas de los intereses del país.

Le dio tiempo a contar los días que pasaría allí; según él, muy pocos. Escuchó los gallos cantar y se levantó. La dueña aún no tenía preparado el desayuno y decidió tomarlo en la taberna más cercana. A la puerta le esperaba Luisito. No hizo falta que le invitara, se fue tras López y, cuando llegaron al local, le abrió para que pasara. Comieron unas tostadas de pan de centeno y bebieron achicoria.

Al terminar se dirigieron hacia la oficina de policía. Una manzana antes de llegar, el niño le dijo que lo esperaría allí. Tras identificarse, López preguntó al policía que se encontraba tras el mostrador por su superior y este lo llevó hasta el despacho del jefe: un hombre de unos cuarenta años, delgado, frente amplia y con gafas. Le pidió que se sentara, se saludaron y él fue directamente al grano.

- Me envían de Madrid; allí, ya sabe, en todas partes ven conspiraciones –al oírlo, el jefe esbozó una sonrisa–. Creen que puede haber algo raro en el bombardeo. A mí me han fastidiado el verano, quiero que me ayuden para volver lo más pronto posible.

El jefe de la policía se sintió incómodo. Lo miró de arriba abajo, dejó de revisar los papeles, se echó hacia atrás los puños de la camisa y se encendió un cigarro. Se levantó hacia una mesita del   rincón, donde cogió una jarra con café y se sirvió en una taza. Le ofreció a López, pero él ya había desayunado.

– ¿No será usted uno de esos *tocapelota*s que se aburren en Madrid? – dijo mirándolo fijamente –. En el sur no nos gusta nada que nos vengan a decir lo que tenemos que hacer. Y aquí estamos muy al sur.

– No se preocupe por mí, yo no les voy a molestar en nada. Solo trataré de conseguir algo, para justificar lo que se han gastado en traerme hasta aquí, y me marcho a Madrid, donde aún continuamos despidiendo a los patriotas que parten hacia Rusia...

– Allí es donde están los verdaderos enemigos –le interrumpió el policía y ahora sí le ofreció un cigarro que López cogió–. Tendríamos que irnos todos para allá. A mí me pilla muy mayor, pero veinte años antes...Una división es poca..., tenía que haber muchas más.

- Estoy con usted...; creo que nos vamos a llevar bien. ¿Y qué me cuenta del bombardeo?

- No hay nada raro en el caso. Mejor dicho, no hay caso – respondió el jefe local bebiendo un trago de café–. Un error de los italianos, una fatalidad que ha producido mucho dolor en la localidad. Unas familias muy queridas, que compartían el trigo que les acababa de llegar del cuartel con dos mujeres de las más pobres del lugar y que pasaban mucha hambre; las invitaron a comer con ellos, para que pudieran disfrutar de un manjar tan preciado como el pan blanco

- ¿De dónde sacaron el pan?

- Tenían muy buena relación con el ejército, con su comandante. Estos acababan de recibir un camión de trigo y les regalaron unos kilillos.

- ¿Y eso no podía tener alguna conexión?

- Ninguna. La bomba no cayó en su casa, lo hizo en un edificio municipal en reformas. Esa finca se la cedió el ayuntamiento a los militares, y ahora realizaban la reconstrucción para devolvérsela al consistorio.

- Todo eso parece muy interesante.

- Nada, todo es casual. Le dice a los jefazos de Madrid que se dejen de tanta tontería... y que se pongan de acuerdo para conseguir que vayan más divisiones a Rusia.

- Seguro que tiene usted razón..., pero no es suficiente para que pueda regresar...

López se llevó la mano a las mejillas, la movía sin parar. Las conjeturas que hizo ante el superior local no le parecían suficientes para darle entidad al caso. Ninguno de los dos creía que su estancia se prolongara mucho. Como él le pidió que le diera algún hilo de dónde tirar mientras se entretenía, le propuso que fuese a ver a los heridos.

Le hizo caso y acompañado del pequeño se desplazaron hasta el hospital. Enseñó su placa y le hablaron de una joven de unos veinte años, hija de la viuda de Valdés.

- Sí, estuve allí. Mucha gente de la que ha venido a verme me ha dicho que tuve mucha suerte, pero no creo que sea así. Mi hermano murió y mi madre se encuentra ahí, debatiéndose entre la vida y la muerte. Los médicos creen que está fuera de peligro, pero yo no me voy a mover de aquí hasta que no me la lleve. Además, ¿adónde iba a ir? Si lo he *perdío to.*

– ¿Fue su madre la que invitó a cenar a las dos mujeres?

– ¿A qué mujeres?

– Las dos pobres que murieron... –la muchacha se quedó pensativa, parecía que no quisiera responderle, López tuvo que insistir–. Me contaron que murieron dos mujeres que estaban invitadas a cenar...

– Algo he oído acerca de eso, pero yo no sé *na.*

– Sería entonces en la casa de al lado...Fallecieron dos personas ajenas a la familia...

– Yo solo sé que en nuestra casa solo murió mi hermano... –se paró un momento, tal vez el último "solo" le pareció demasiado, se limpió las mejillas con el pañuelo–, mi pobre hermano.

– Lo siento mucho... Tal vez no sea el mejor momento...

– No se preocupe usted....

– Yo tenía entendido –continuó López– que tienen muy buena relación con los militares.

– Bueno... Siempre la tuvimos, pero últimamente las cosas estaban un poco revueltas...

– Tal vez por asuntos políticos...

– No quiero hablar de esas cosas... –López sacó un cigarro y le preguntó si le molestaba, para nada. Juntos pasearon por unos pasillos con demasiada gente, incluso enfermos. Al inspector había algo que no le encajaba e hizo hincapié en ello.

– ¿Por qué cree que dicen que murieron las pobres en su casa?

– A lo mejor se confunden con la de al lado...; pero lo más fácil es que esas mujeres estuviesen durmiendo en el local del ayuntamiento... Ahora lo están reparando y allí no hay nadie. Yo solo recibí un pequeño golpe y salí a la calle; después de la confusión, estuve rebuscando entre los escombros, trataba de encontrar a mi madre. Vi que se llevaban algunos cuerpos del local del ayuntamiento, o del ejército, y que los sacaban por mi casa.

– ¿Y por qué cree que dijeron que las dos mujeres estaban con ustedes?

– No lo sé, será que nos quieren cargar con el muerto. Con lo que tenemos nosotros ya...

¿Adónde voy a ir a vivir ahora yo? ¿Puede hacer algo usted para que me den una vivienda?

- Yo aquí no soy nadie... –respondió López con impotencia–. No la molesto más. ¿Le importaría que le volviera a preguntar, si necesitara algo?

- No, pierda cuidado... –dijo resignada–. Por aquí estaré.

La acompañó en el sentimiento por la muerte del hermano y le deseó la pronta recuperación de su madre. Después se fue con Luisito hasta la confluencia de la calle Tetuán con López de Ayala. Aunque el impacto principal fue en un edificio en reformas que el ayuntamiento había cedido durante la guerra al ejército y ahora este lo rehabilitaba para traspasárselo, la explosión hizo que la casa colindante y la de la esquina cayeran derruidas. En el local municipal se habían retirado los escombros, no así en los otros dos. Se podía apreciar bien el agujero causado por el impacto. La casa de al lado estaba completamente derruida; pero la tercera, la de la viuda de Valdés, la madre de la mocita que López conoció en el hospital, tenía las paredes que daban a la calle Tetuán casi intactas, y en la de López de Ayala solo había caído la parte que lindaba con la casa que se derribó. Entonces López se rascó la patilla, le pareció raro que allí sólo hubieran muerto dos personas y tres en la otra. Miraba las dos, trataba de comparar, hacía conjeturas. Más lógico hubiese sido al revés, incluso le parecía mucho un muerto en la de la esquina.

Le preguntó al niño si estuvo allí, y este le habló de la confusión sufrida aquella noche, del barullo que se armó por todo el pueblo, de la gente aterrorizada cuando iban sacando los cadáveres de las víctimas, en medio de la polvareda, levantando los escombros, con la luz de los vehículos encendida para que se pudiera ver algo tras el apagón.

López se llevó la mano a la nuca y la meneó compulsivo, y, aunque le pareció raro que por error cayesen bombas en el centro del pueblo, no lo consideró suficiente para alargar su presencia allí. Un buen rato estuvo tratando de encontrar entre las ruinas algo que le diera una pista. Observaba la pared que separaba las dos viviendas civiles y pensaba que tal vez allí pudiera estar la explicación a sus dudas. Convencido de que su visita a La Línea llegaba a su fin, pidió al niño que le acompañase al cementerio.

Cruzaron por callejuelas muy estrechas, algunas cuadras abandonadas y sin ganado. Vieron una casa grande de aspecto señorial, pero en un lamentable estado, Luisito le dijo que allí era donde sobrevivía con sus amigos. Aún tuvieron que andar un poco más antes de llegar al camposanto, a las afueras del pueblo. Atravesaron la puerta entreabierta, buscaron las tumbas de los muertos en el bombardeo: a los cinco los habían enterrado juntos. De lejos los vio el sepulturero, un hombre que mediría poca más de metro y medio, pero con una anchura considerable. Enseguida vino hacia ellos.

- No huelen a chamusquina –les dijo sin ningún preámbulo.

- ¿A qué se refiere usted? –preguntó López sorprendido.

- No huelen a chamusquina –insistió el enterrador–. Se lo dije a los soldados, pero me tomaron por loco y se enfadaron conmigo. Yo estuve allí, vi cómo del edificio del ayuntamiento, donde se produjo la explosión, sacaron tres cadáveres..... Yo los vi cómo los retiraban, y estaban *chamuscaos*

- ¿Qué pretende decirme?

- Que de los tres cuerpos que murieron por la bomba, ninguno está aquí *enterrao*

López sacó el paquete de cigarros y extendió la mano hacia un hombre que parecía muy nervioso, le ofreció tabaco y este se lo arrebató con avidez. Luisito también quería uno, pero al inspector le pareció demasiado joven.

– ¿Me está usted diciendo que esos cadáveres no son de los fallecidos en el bombardeo...?

– Yo solo digo que los que sacaron *abrasaos* no están aquí, no huelen a chamusquina... – persistía moviendo la cabeza.

– ¿Pero por qué alguien querría hacer una cosa así? –insistió López.

– Eso que lo averigüe la policía, que para eso le pagan.

"Muchas gracias", le pensó López a la cara. Escuchaba a aquel hombre y le parecía que sus posibilidades de regresar pronto a Madrid se le iban esfumando. Si tenía razón, el pez gordo que advirtió al comisario de que en aquella historia había gato encerrado no andaba muy desencaminado.

– ¿Se atrevería a exhumar una tumba? –preguntó López.

– Eso me lo tiene que decir el juez –replicó con rapidez.

– Yo soy policía.

- Si tan interesado está usted..., venga a la puesta del sol y tal vez le pueda ayudar.

López lo miró con extrañeza, apretó la colilla del cigarro y lo tiró al suelo; se despidió   y marchó hacia la pensión. Luisito se fue tras él.

CAPÍTULO II

Aún no era la hora del almuerzo, se sentaron en aquel salón con decoración austera, paredes encaladas y un retrato de los padres de la dueña.

Hasta allí llegaba el olor a garbanzos, que poco después aparecerían en un puchero en manos de la señora, quien se puso a repartir entre los presentes. López cogió el cucharón y, antes de servirse, le echó al muchacho. La dueña lo miró con cara de que lo que le has echado tendrás que quitártelo de tu plato.

La clientela estaba compuesta por el inspector y varias mujeres. Al finalizar, López le dijo al pequeño que se fuese a casa y regresase al atardecer; pero este tuvo una idea mejor.

- ¿Quiere usted ver la bomba que cayó el martes en la ribera?

- Sí. No creo que sirva de mucho, pero ya puestos.

Aunque no estaba muy cerca, se marcharon andando. López pensaba que eso le confirmaría que todo se debió a un error. Aquella bomba en el río, que no tuvo ninguna consecuencia, ni ninguna víctima, solo podría corroborar su opinión. El asunto de los cuerpos que tanto preocupaban al sepulturero debía tener una explicación lógica que no merecía que él reparase en ello. Cuando llegaron a la ribera, la bomba ya no estaba allí. Bajaron por un terraplén y vieron el agujero que había dejado un nuevo proyectil, un fallo más de la aviación italiana. López miraba por un lado y otro, pero no encontraba nada que le pudiera ayudar en su difícil tarea: convencer a su superior de que nada ocurrió. Parecía que todo el mundo daba por bueno que solo fue un descuido de los italianos; pero lo que otros consideraban como un acto de fe, a López no le servía, ya que él debía encontrar lógicos razonamientos.

A lo lejos vio aparecer al jefe local junto a un compañero.

– ¿Usted por aquí? – le preguntó mientras lo saludaba–. Ya le hacía en Madrid.

– Bien sabe usted cómo es esto. Si no ato todos los cabos, son capaces de hacerme regresar, y eso es lo último que deseo.

– Le comprendo… – dijo quitándose el sombrero y moviéndolo un poco a modo de abanico–. Supongo que esta bomba perdida le alegrara el día.

– Por supuesto, me pone las cosas más fáciles; pero estuve hablando con el familiar de una víctima y me dijo que no invitaron a comer a las pobres. ¿De dónde salió esa idea?

– Enterramos a dos pobres mujeres desahuciadas…

– Pero no salieron de casa de la viuda de Valdés

– ¿Está seguro? Puede que estuvieran en la otra, yo pensé que….

- ¿O en el local del ayuntamiento?

- Podría ser así, pero eso no tendría mayor importancia... –dijo mientras sacaba un cigarrillo y le ofrecía a López–, solo que el consistorio no quiere asumir responsabilidades...

- Eso nosotros, como policías que somos, no podemos permitirlo –le interrumpió López y no pareció que le gustase mucho a su colega.

- No son tiempos para que entre bomberos nos pisemos la manguera... –dijo utilizando una jerga local que López entendió.

- Creo que tiene razón. Me voy, aquí no hay mucho que rascar. Solo comprobar lo chapuza que son estos italianos. Mejor sería que dejaran de protegernos de los ingleses... Creo que son más peligrosos.

El comisario le rió la gracia a López.

- Venga a despedirse cuando se vaya...

- Seguro que iré a verle antes alguna otra vez... Una última cosa..., usted me dijo que la familia Valdés se llevaba muy bien con los militares; pero eso no es cierto...

– Claro..., se me había olvidado... Es que el muchacho que murió se pasó a los rojos... ¡Qué barbaridad! Su padre murió del lado del Alzamiento...

– Comprendo..., muchas gracias por todo... Siempre es un placer charlar con usted.

El jefe lo miró con displicencia; su compañero, al pasar al lado de López, le acercó un bote y lo removió.

– Una aportación para los patriotas de Rusia.

López cogió una moneda del bolsillo y la echó. Después se marchó con el niño hacia el cementerio. Encontraron la puerta cerrada, leyeron el horario y se percataron de que habían llegado demasiado tarde. Dieron media vuelta para regresar, pero enseguida escucharon una voz

– ¿Dónde vais? ¿Estáis tontos o qué? –les gritó el enterrador mientras abría.

– Creíamos que se había marchado –le respondió López.

– Mi jornada acabó, pero quedé con *usté*.

Entraron y el sepulturero volvió a cerrar con llave. Se dirigieron hacia las tumbas y, al llegar, fue a por una pala que quiso entregarle a López.

– ¿Le apetece? –le preguntó con retintín.

– No estoy muy acostumbrado, pero...

– Déjeme a mí –interrumpió Luisito.

El chaval le quitó la herramienta y empezó a lanzar arena a un lado y a otro, de forma impetuosa. No tardó en sentir la madera de la caja. Entonces bajó el sepulturero, la cogió por un lado y la levantó hasta dejarla a los pies de López. Se subió y le arrebató la pala al muchacho para destapar el ataúd. Allí se encontraba el cadáver de una mujer, harapienta, con el estómago hinchado, la cara desencajada.

– Esta no murió en el incendio –dijo el enterrador–. Esta ha *pasau* muchísima hambre...Como muchos... Seguro que a los otros dos le pasa lo mismo. ¿Quiere que abramos más tumbas? –le preguntó a López.

– Por supuesto que sí...

Le hizo caso y no tardó en subir dos cajas. Abrió el féretro y vio el cadáver de otra mujer. Tampoco parecía que hubiese sufrido efecto alguno del bombardeo. No encontró ningún golpe, ni magulladuras, ni nada que hubiera podido producir un fuerte aplastamiento. López la miraba asombrado, tratando de encontrar una explicación que no enlazaba con ninguno de los argumentos que había venido escuchando hasta la fecha. No creyeron que se tratase de una víctima del bombardeo, más bien las consideraron que eran de las miles de personas que sucumbían a manos de la peor enfermedad que padecía el país en aquellos días: el hambre. Los dos hombres y el niño contemplaban los ataúdes en el suelo, López se rascaba la cabeza.

– ¿La conoce?

– Claro; una pobre *desgracia* que no tenía *na pa* llevarse a la boca, como otros muchos; pero no creo que muriera en el bombardeo.

– ¡Saquemos la otra caja –pidió López deseando que le aclarase todas sus preocupaciones.

Abrieron el tercer ataúd y vieron el rostro de un hombre que no había muerto de hambre. En un principio, pareció tranquilizar al inspector; pero enseguida se daría cuenta de que traía más incógnitas que las anteriores: no estaba abrasado por las bombas, pero tenía la cara hinchada, llena de sangre, amoratada. Parecía que le hubieran golpeado hasta matarlo.

– Ese parece el hijo de la viuda de Valdés –dijo el enterrador–, pero esas heridas no han sido por los escombros. Alguien le dio con saña.

- ¿No estará usted pensando que fue torturado? – preguntó un inspector incapaz de salir de su asombro.

- ¿ Se le ocurre a usted otra cosa mejor?

- No puede ser... ¿Cómo van a hacerle un cosa así a alguien que está muerto, o casi? –se preguntó López en voz alta.

El sepulturero no le hizo caso, afanoso en abrir el resto de cajas, por si le deparaba alguna nueva sorpresa; pero ahora todo estaba en su sitio y pudo identificar los otros dos cadáveres que correspondían a los dos hermanos. Y en ellos solo se reflejaba el efecto de las vigas que les cayeron y los aplastaron.

- Ya se lo dije. Hubo tres cuerpos *chamuscaos* y ninguno de los tres están aquí, algo ha *pasau...*

- ¿Por qué alguien estaría interesado en cambiarlos? –le preguntó López.

El hombre se quitó la gorra de la cabeza, con la otra mano comenzó a rascarse la coronilla, miró fijamente a López y le dijo.

- Tendrá que ir al cuartel militar a preguntarlo...

- ¿Por qué allí?

– Fue donde llevaron los cadáveres tras el bombardeo.

– Mañana sin falta voy.

Cogieron los ataúdes y volvieron a enterrarlos. Después regresaron juntos hacia el pueblo. En el camino, López le preguntó si conocía una cantina donde pudieran tomar algo como pago a los servicios prestados, pero le contestó que no frecuentaba esos lugares. Entonces el inspector sacó un billete del bolsillo y se lo entregó. El hombre lo miró dubitativo, después lo cogió. Llegaron a una bocacalle y se despidió de ellos.

Muy cerca de la pensión, López le ordenó al muchacho que se marchara a dormir con los amigos; le hizo caso, pero le advirtió que al día siguiente iría a buscarlo.

Entró el inspector en su habitación, se recostó un momento, pero sin dejar de pensar. Aquellos cadáveres significaban algo: unas pobres mujeres de tantas que pasaban hambre, y a nadie importaban, habían sido utilizadas para sustituir a otras personas; un hombre había sido torturado hasta la muerte y nadie decía nada. ¿Lo sabría su hermana? Alguien trataba de ocultar una muerte por tortura y dos por hambre, y aprovechó el bombardeo para conseguir sus fines ¿Por qué se habría tomado aquellas molestias en un país donde las muertes por hambre y la tortura estaban a la orden del día? No descansaría hasta averiguarlo, aunque para ello tuviera que olvidase del bonito verano que le esperaba en Madrid.

A la hora de la cena solo estaba presente una de las mozas que le acompañaron en el almuerzo. Le dijo que las otras se habían marchado a trabajar.

–	Yo estoy malita.

CAPÍTULO III

Se levantó tan temprano que Luisito no había llegado aún. Le preguntó a la patrona si tenía un periódico del bombardeo, esta entró en su habitación y enseguida regresó con él.

–   Me lo llevaré si no le importa.

–   Vale…, pero no me lo pierda.

Aunque tenía prisas por ir al cementerio, pensó que antes tendría que pasar por la oficina de la policía a reclamar ayuda de sus colegas.

Aún no había llegado el jefe y tuvo que esperar un poco. El oficial de guardia le habló del tiempo, de que, según decía un señor muy mayor, aquel era el verano más caluroso en el pueblo desde hacía mucho tiempo. Después miró el periódico para leer el número ganador en el sorteo del ciego y arrojó con rabia un boleto al suelo, pero enseguida vio algo que le llamó la atención y quiso compartirlo con López.

— ¿No habrá leído la noticia de su jefe?

— ¿A qué se refiere? –preguntó López que no tenía ni idea de lo que le estaba hablando.

— Esto es lo que aparecía esta mañana en la prensa de Madrid: "DE LA DIRECCIÓN GENERAL DE SEGURIDAD:

Jefatura Provincial de   Seguridad... Ayer fue facilitada la siguiente nota del jefe superior: "se viene dando reiteradamente el caso de que al tomarse providencia o al imponerse sanción por esta jefatura a algunas personas, se presentan a visitarnos, acto seguido, los familiares o amigos de las mismas para recomendar el asunto, como si no pudieran esperar de las autoridades en general que la justicia se aplique de la manera recta y serena que es norma de conducta dentro del Movimiento. Como esto, además de producirme violencia, me resta tiempo –preciso para otras actuaciones– hago públicamente advertencia de que, en lo sucesivo, me negaré a recibir tales visitas, máxime cuando los interesados tienen expedito el camino para llevar a este Centro cuantos escritos de descargo consideren necesarios, en la seguridad de que habrán de ser estudiados con el mayor interés y resueltos pronta y rápidamente para que, en ningún momento, dejen de recibir inmediata reparación los que a ella fueran acreedores".

López sonrío cómplice, porque conocía al autor de la nota. El agente lo hizo de forma burlona, porque no lo conocía. Después pidió a López que le acompañase a su despacho, acababa de ver entrar a su superior.

– A este paso se va a quedar todo el verano por aquí… –le dijo el jefe con tono de preocupación por la insistencia de su colega.

- No recibo más que disgustos. Ayer exhumamos los cadáveres...

- ¿Con permiso de quién? –le interrumpió.

- No me diga que le preocupan esas tonterías...

- Eso a usted no le importa... Espero que sea la última vez... –le replicó visiblemente enfadado–. No le voy a permitir ni una más de estas. Si alguien se entera me la cargo yo. Usted lo único que tiene que hacer es recoger sus maletas y marcharse a Madrid. Si se aburre allí, siga el paso de esos grandes patriotas y vaya con ellos al frente ruso.

López lo miró con displicencia harto de su cantinela acerca de Rusia. Sintió que aquel hombre dejaba de ser su colega y, poco a poco, se estaba convirtiendo en su enemigo, pero no le quedaba más remedio que continuar con sus pesquisas.

- Uno de los cadáveres había sido torturado... ¿Sabéis algo?

- Eso no puede ser –respondió raudo el jefe local, levantándose de su silla y dirigiéndose hacia la ventana, desde la que miró al exterior– ,eso es una insidia... Sería del golpe cuando le cayeron las vigas encima. ¿Quién se va a dedicar a torturar a un cadáver?

- Ese hombre no murió en el bombardeo y alguien pretende que nos lo creamos. Aquí está pasando algo muy raro... y ustedes saben mucho más de lo que me han contado.

- ¡Ya está bien! –le gritó con visibles muestras de enfado el jefe–. No voy a aguantar ni una más de sus insinuaciones. ¿Acaso cree que nosotros tenemos algo que ver con eso? –dijo con rabia– ¿Acaso cree que nosotros lo ocultamos? –López movía la cabeza negándolo– ¿Acaso cree que somos gilipollas que no nos enteramos de nada...? –se detuvo un momento, se volvió a sentar–. Regrese a Madrid y deje que nosotros resolvamos nuestros problemas...No necesitamos su ayuda...

López, al verlo tan enfadado, no quiso insistir, abrió la puerta del despacho y se marchó. Al pasar junto a la mesa del compañero lanzó una moneda que fue a caer en el bote de los donativos para División Azul. Partió hacia el cementerio convencido de que iba a conseguir poca colaboración de sus colegas.

Al comprobar que las puertas estaban cerradas, quiso dar una vuelta bordeando el camposanto. En una zona le pareció que la tapia era más baja y se dispuso a saltarla. Acercándose hacia las tumbas iba centrando su mirada en las cruces: dos tablas de maderas cruzadas de forma apresurada, en ellas unas iniciales que López quiso comprobar con los nombre del periódico; solo coincidían en el caso de los dos hermanos, pero las otras tres no. Precisamente los tres cadáveres que mas dudas le produjeron el día de la exhumación. Decidió esperar al sepulturero, por si podía aclararle algo; pero, como no quería que nadie se enterase de que entró sin permiso, saltó de nuevo el muro, ahora para salir, y se acercó a la entrada, donde se encontró con dos mujeres que parecían muy tristes.

Cuando llegó el enterrador, sacó del bolsillo el fajo de llaves y abrió el candado, extrañado de ver tanta gente a primeras horas de la mañana. Para sorpresa de López, las señoras se dirigieron hacia las tumbas que él quería visitar. Ellos se pararon un momento junto a unos nichos. Al verlas marchar, fueron hacia allá.

- ¿Familiares de los hermanos? –preguntó López

- ¡Qué va!, de los hermanos, no..., y, pensándolo bien, creo que tampoco de los otros tres muertos... Puede que conocieran a los que fallecieron en el bombardeo y este sea el único sitio donde llorarles –respondió el sepulturero.

- ¿¡Cómo...!? ¿Por qué no me lo ha dicho antes?

- ¡ Y yo qué sé!

- ¿Podría correr a buscarlas? – le pidió López.

- Ya no las alcanzo; pero no se preocupe..., ya las localizaremos.

López consideró que había perdido una gran oportunidad, pero tenía que seguir aquellos indicios tratando de encontrar algo sólido.

- En estas tres sepulturas no coinciden las iniciales de las cruces con las de los nombres que aparecen en el periódico... –dijo López mientras encendía un cigarro y le ofrecía a su interlocutor.

- Las trajeron los militares... –añadió el sepulturero golpeando el mechero que le dejó el inspector–. Vino un soldado antes del entierro y las dejó al lado de las tumbas.

López se quedó muy pensativo. Observaba la parte impresa donde aparecían los nombres, después volvía la mirada hacia las cruces.

- Supongo que las tres que no coinciden son de quienes realmente murieron en el bombardeo. Mire a ver si le suena de alguien del pueblo –le dijo al enterrador enseñándole el papelito donde había anotado las iniciales.

- No. Pero esta "Ing"...Es un poco raro. En La Línea son muy raros los apellidos que empiezan por N. Solo conozco un Núñez y está vivito y coleando.

López se llevó la mano a la cara y se frotó los carrillos.

- ¿Tenéis Registro?

- Si. Está en unas oficinas al lado del ayuntamiento.

- Creo que me voy a pasar por allí. Si hay pocos apellidos con N, será muy fácil localizar el nombre con I. Lo que no entiendo es por qué están con minúsculas las otras dos letras. En el resto de cruces todas son mayúsculas.

- No tengo ni idea, pero seguro que *uste* lo adivinará...

- No le quepa la menor duda –dijo López apretando los dientes y convencido, al fin, de que había caso.

- Creo que de momento no puedo ayudarle nada más; pero si me vuelve a necesitar, aquí me tiene... De todas formas, me dice dónde se hospeda..., por si veo algo raro.

– En "La Ponderosa".

– No ha podido elegir mejor lugar para quedarse… Si me entero de algo, me paso por allí

– Muchas gracias. Adiós.

Se dirigió hacia la oficina del Registro, instalada en la planta baja de un edificio municipal, al lado del Ayuntamiento. Aquella mañana había mucho movimiento y el funcionario no estaba de muy buen humor. Cuando López le preguntó si le podía dar una relación de personas cuyo apellido empezaran por la letra N y el nombre por la I, le increpó que si acaso se había imaginado que era su criado. Le enseñó dónde se encontraban los libros con los registros de los nacimientos y le permitió que mirase.

López se había hecho a la idea de que tendrían una relación por orden alfabético que le facilitaría el trabajo…

– El Julián se puso a hacer algo parecido, pero no sé si lo habrá terminado. Espere un momento que le aviso –le dijo el empleado encendiendo un cigarro y cambiando un poco su talante. Enseguida llegó su compañero.

– ¿Qué es lo que usted deseaba? –le preguntó de forma educada.

- Buscar una serie de nombres para ver si coinciden con unas iniciales.

- ¿Es de la policía?

- Sí, vengo de Madrid…

Julián se dirigió hacia una estantería de la que sacó un libro grande con pastas muy fuerte y se lo entregó a López.

- Aquí está la relación de todos los habitantes del pueblo por orden alfabético. Mi trabajo me ha costado, no me lo estropee.

- No se preocupe lo trataré bien

- Usted es el que investiga el bombardeo…¿verdad?

López lo miró. No sabía muy bien qué tenía que contestarle. Le pareció que en aquel pueblo las noticias corrían demasiado deprisa.

- Solo estoy realizando meros trámites. Espero volverme pronto a casa.

- No creo –le replicó el funcionario con firmeza– . Me parece a mí que hay mucha tela que cortar.

- ¿Por qué lo dice? –preguntó López por si aquel hombre tenía algo que aportarle..

– Es que...Nada...Ya lo irá *uste* viendo

Él cogió aquel enorme libro y se lo llevó a una mesa donde estuvo un buen rato revisando los nombres de la localidad. Empezó por el que creía sería más sencillo: el "Ing". Ni rastro. Encontró muy pocos nombres cuyo primer apellido empezara por la letra N, y ninguno ellos tenían nombre que empezara por I". Tuvo más éxito con los otros dos, varias personas que podrían corresponder con cada una de las cruces. ¿Cuál de ellas sería la que debía estar realmente en la tumba donde pusieron aquellos cadáveres? Puede que ninguna de ellas. Sentado, sumido en sus pensamientos, lo interrumpió Julián, que se había quedado solo.

– Venga conmigo.

Lo siguió hasta una puerta que abrió el empleado. Un cuarto lleno de estanterías repletas de legajos y papeles atados con cuerdas. El hombre encendió la luz al momento.

– Debe tener mucho cuidado. Aquí nadie quiere saber nada, pero tenga mucho cuidado; hay gato *encerrao.*

– ¿Por qué dice eso?

- David, el hijo de la viuda de Valdés, no murió en el bombardeo..., y las otras mujeres tampoco.

- ¿Y cómo puede saber usted eso.

- Yo estaba allí aquella noche...

Lopez lo miró sorprendido.

- ¿Qué hacía usted?

- Cenando con la madre y la hija.

- ¿A qué se debía su presencia?

El funcionario se llevó la mano a la mejilla y se rascó la cara. Le costó responder.

- Soy el novio de la muchacha...

Fue entonces cuando el inspector reparo en el aspecto de aquel hombre, le pareció mucho mayor que la chavala, y que no tenia un cuerpo muy agraciado.

- Bueno, la madre que quiere que se la recoja; desde que murió el marido solo piensa en que la va a dejar sola, pero ella no me hace mucho caso

- ¿Y el hijo dónde estaba? – le interrumpió Lopez.

- Llevaba unos días desaparecidos.

– ¿Solo cenasteis los tres? ¿No había otras dos mujeres?

_ Eso es otro cuento que se han *inventao pa* colar a las dos pobres. ¿¡Quién sabe para qué!? Y menuda casualidad. En la otra casa dos muertos y en la nuestra, que casi no le afectó la explosión, tres.

_ ¿Qué le pudo pasar al hermano?

_ Él andaba al contrabando..., imagino que algo tuvo que ver...Lo siento me tengo que ir. Espero haberle *ayuao* algo...

– Muchas gracias, todo lo que me ha contado me parece muy interesante.

Salieron los dos, el empleado iba mirando hacia adelante con inquietud, pero al ver que aún no había regresado su compañero, se tranquilizó. Con un fuerte apretón de manos se despidieron y López partió de nuevo hacia el camposanto donde le esperaba uno de sus mejores colaboradores.

Rápidamente fue a buscarlo para mostrarle el papel con las notas de los nombres que había tomado y podían corresponder a los enterrados. El sepulturero los conocía, pero todas las personas con aquellos nombres estaban vivos, ninguno había fallecido recientemente, ni desaparecido, ni se había marchado de la localidad, ni ninguna otra circunstancia que pudiera dar alguna pista a López.

Entonces pensó que los fallecidos no eran vecinos del pueblo; tal vez se tratase de militares, en cuyo caso le traería muchos quebraderos de cabeza. Todo se iba complicando más de lo que él había pensado en un principio.

Aún le quedaba otra visita que realizar. Aquella muchacha, la hija de la viuda de Valdés, tenía un aspecto muy agradable, sus ojos resplandecían en aquel verano del cuarenta y uno, y aportaban aún más luz a aquella tierra meridional. Sus cabellos rojizos no eran muy corrientes por aquellos lares, pero en todas partes hay de todo. En sus ojos verdes podía contemplar aquel mar que una roca muy grande les impedía ver. Pero no eran esos los motivos que tenía López para visitarla. La charla con su "novio" le había dejado una conversación pendiente.

Llegó al hospital con más tranquilidad, reparó en que había muchos pacientes en los pasillos, más que en las habitaciones. Sintió los sonidos del dolor, muchos enfermos gritando porque no tenían medicamentos que le paliaran su aflicción. Vio a la muchacha más contenta que el día anterior y se acercó a ella. Esta le contó que su madre había salido del peligro; los médicos le habían dicho que, aunque tal vez tardara un tiempo en recobrarse, no moriría en aquel lugar, al menos del mal que le aquejaba. La invitó a dar un paseo para tomar un poco el aire, despejarse y olvidarse de los males propios y ajenos que impregnaban aquel lugar. No se alejarían mucho.

- Su hermano no murió en el bombardeo, ¿verdad? –le dijo apenas habían andado unos paso, y la cara de la muchacha se volvió encarnada; después lo miró con amargura.

- ¿Qué me está diciendo?

- Hemos exhumado los cuerpos... –pensó en un primer momento que no debería delatar a su confidente–. No sé si lo sabes o no; pero su hermano fue torturado antes de morir.

La joven se paró, lo miró con la cara de un niño que acaba de ser descubierto por su madre.

- Mi hermano cenó aquella noche con nosotros. Serán los golpes y le parece que lo hayan torturado.

- Usted no vio el cadáver…

- Sí, cuando lo sacaron de entre los escombros.

- Alguien me dijo que su hermano no cenó esa noche con vosotros

- Habrá *sio* el *mamasopas* del Registro. Ese vejestorio que se cree que se va a casar conmigo… ¡Cosas de mi madre! Desde que murió mi padre piensa que pronto le va a tocar a ella. Ahora me ha hecho prometerle que me casaré con el…, pero que no se haga ilusiones, que en cuanto se ponga *güena* me hecho un novio en condiciones…

- ¿Por qué me ha mentido? –le cortó López sin contemplaciones.

- Porque se lo prometí al comandante. –dijo ella con resignación y López entendió que se iba a sincerar–, pero no puedo contarle nada. Hicimos un pacto y no puedo saltármelo a la torera.

- ¿Con el comandante…? Así que ha sido él.

- Me voy *pa* dentro… Aquí hace mucho calor– susurró ella, dándose media vuelta y encaminándose de nuevo hacia el hospital.

- Espere un momento…

Lópezla cogió del brazo para retenerla. La moza no hizo ningún esfuerzo por deshacerse de él, parecía tener dudas. Como si no quisiera hablar por un compromiso contraído, pero, al mismo tiempo, hubiese algo en su interior que la obligara a contarlo todo.

- Solo nos traerá problemas.

- ¿Por qué?

- Me comprometí con el comandante a que no diría nada a nadie...Ese fue el trato...

- ¿A cambio de qué?

- Mi hermano estuvo detenido en el cuartel. Yo no sé en qué líos andaba, pero lo metieron unos días en el calabozo... Nadie en el pueblo se enteró de ello, ni siquiera nosotros sabíamos dónde estaba. Pensábamos que había partido al monte como algunos muchachos jóvenes... –se detuvo un momento, le costaba mucho dar aquellas explicaciones, pero a la vez sentía la liberación que le estaba produciendo–. Tras la explosión, el comandante me contó que había muerto, que tenía la posibilidad de que lo enterraran como víctima del bombardeo, o si queríamos pasar la vergüenza de su muerte por traicionar a la patria...–unas lágrimas aparecieron en sus mejillas, se las limpió con un pañuelo, hablaba entre gemidos–. Yo no sabía qué hacer, mi madre en el hospital, mi hermano muerto, todo recaía sobre mí... Creo que hice lo más indigno, pero no sabe usted..., bueno, seguro que lo sabe mejor que nadie, lo que le puede ocurrir a una viuda y a su hija si son acusadas de rojas

– ¿Lo detuvieron por rojo?

– No lo sé. Yo no sabía que mi hermano lo fuese. Pero, sino... ¿Qué otra cosa podría ser?

López consideró que debía decirle algo que hasta el momento le había ocultado.

– ¿ Tiene idea de por qué lo torturaron?

– No, nos lo entregaron con la caja sellada. Dijeron que para que nadie se diera cuenta de que no murió en el *bombardeo.*

– Lo quemaron, pero con cigarros; le arrancaron parte de la dentadura, supongo que con alicates, también las uñas...

La vio llevarse las manos a la cara y quiso dar por terminada la conversación, pensaba que ya nada más podía aportarle, tal vez en otro momento.

– Tengo que irme… Si averiguo algo se lo haré
saber…, también volveré a verla si necesito algo.

Se marchó hacia la pensión. Debería intentar
dormir bien aquella noche, para a la mañana siguiente
realizar una visita al cuartel, pero antes quiso telefonear
a su superior y contarle todo lo que había descubierto.

– ¡Eso no me vale para nada! –le respondió su
comisario–. Eso está a la orden del día … No me
venga ahora con el cuento de que va a denunciar
a un comandante por torturar a un rojo… Parece
mentira que caiga usted en esas supercherías de
principiante. Si eso te sirve como pista para
descubrir algo con más enjundia, bienvenido sea;
sino… , apañaditos vamos.

No necesitó López que le dijera más; pero,
cuando colgó el teléfono, se dio cuenta de que en
realidad no tenía nada. Su gran descubrimiento acababa
de quedarse en papel mojado, y, por otro lado, su
esperanza en el Registro se había desvanecido.

CAPÍTULO IV

Unos golpes en la puerta de su cuarto interrumpieron sus tribulaciones, era la casera para avisarle que tenía visita en el recibidor. Se puso algo rápido y bajó, pensó en Luisito; pero no. El enterrador venia nervioso por las ganas de contarle algo muy importante: un soldado había cambiado las cruces, y ahora ya sus nombres se correspondían con los de los muertos que aparecieron en los periódicos. El sepulturero le pidió que le acompañase, todavía había más.

- — ¿Al cementerio a estas horas? –preguntó López sorprendido.

- — No. ¿Recuerda las mujeres que vimos esta mañana? Pues tienen mucho que contarnos. Vamos a su casa.

López subió a su habitación a cambiarse. El sepulturero se quedó en la sala de estar, donde muy pronto apareció la chica que no pudo ir a trabajar, porque se encontraba malita, se puso a charlar con ella. Llegó López y se fueron de inmediato.

- — ¿Qué te contaron? –preguntó López sacando un cigarro y entregándole otro al enterrador.

- — Que en las fiestas estuvieron con dos forasteros, y uno era inglés

- — ¿"Ing"?

- — Claro.

Dio una fuerte calada y caminaron hacia la casa de las muchachas. El enterrador golpeó la aldaba y enseguida apareció una mujer de unos treinta años, de pelo castaño y ojos del color de la miel. Les pidió que pasaran y, tras cruzar el vestíbulo, la siguieron hasta el salón, donde los invitó a que se sentaran en un sofá. Al lado, en una silla, se encontraba una amiga que se levantó para saludarlos.

- ¿Es usted policía? –le preguntó.

- Sí..., de Madrid...

- ¿Ha venido a investigar la muerte de Adam?

- Sí. Espero que me cuente todo lo que sepa de ese Adam...

- Esta es Macarena. Su marido, igual que el mío, murió durante los años de la guerra. Llevábamos mucho tiempo sin celebrar las ferias y quisimos hacerlo este año. Somos demasiado jóvenes para encerrarnos, aunque en el pueblo mucha gente no lo crea así – López las miró de arriba abajo y le pareció que por su edad debieron casarse muy niñas, al menos la amiga–. Juntas fuimos a la verbena, al fin podríamos bailar en la plaza. La verdad sea dicha, no se nos acercaban muchos jóvenes. Todo el mundo en el pueblo sabe lo que les pasó a nuestros maridos, no quieren líos. Vimos a dos muchachos en la barra de la verbena, tenían pinta de forasteros, nos observaban y nosotros haciéndoles ojitos. Hasta que el pelirrojo, creo que había bebido más de la cuenta, le pidió al otro que le acompañara, y se acercaron a nosotras. Cuando nos sacaron a bailar, aceptamos sin pensarlo mucho. El que bailó conmigo era alto, delgadito, con el pelo rojo. En cuanto me habló, supe que no era del pueblo; incluso me pareció que era inglés, hay muchos en Gibraltar, algunas veces cruzan la línea y muchas mujeres se vuelven locas por ellos. Al principio me dijo que era español, pero, en cuanto charlamos un poco, lo descubrí. Bailamos, luego nos invitaron a tomar algo. Bebimos un refresco, pero, cuando quisimos darnos cuenta, ya era muy tarde y le dijimos que teníamos que marcharnos; quisieron acompañarnos. Dimos un paseo hasta aquí y después se fueron, aunque se empeñaron en vernos al día siguiente..., pero ninguno de los dos apareció –dijo con amargura– . Aquella noche me dormí pensando en él. Me había dejado muchas dudas, parecía distinto a sus compatriotas. No nos dio tiempo a hablar mucho, ya que solía responderme con muchos monosílabos y yo intuía que la mayoría eran mentiras. Mi mente empezó a bullir; porque me dijo que no venía de Gibraltar, eso me intrigó más. Supongo que no llevaría mucho tiempo dormida, cuando escuché la explosión; el bombardeo me despertó. Lo primero que pensé fue que la guerra había vuelto, que no podríamos librarnos nunca de nuestras desgracias, de nuestras miserias. Me asomé a la ventana y vi la calle que estaba a oscuras, las pocas luces que iluminan este pueblo se habían apagado. Oía a la gente chillar, los niños que abandonaban sus casas, después padres y madres; se escuchaba el bullicio de la gente caminando con velas, palmatorias, farolillos; aquello parecía una procesión. Se encaminaron hacia López de Ayala, pensé que a pedir ayuda a la autoridad, pero no. Decían que allí se había producido el bombardeo; otros que era la guerra. Me puse el vestido y fui tras ellos. Cuando llegamos a Duque de Tetuán, pensé que nos encontrábamos a las puertas del infierno. Un edificio ardiendo, otros derruidos, llenos de escombros, humeantes. Pronto acudió el ejército y una furgoneta de la diputación. Empezaron a apagar el fuego, a retirar los escombros y algún cuerpo. Miraba inquieta, y, de repente, me pareció que Adam iba en una camilla. Me costaba reconocerlo, no estaba cerca, había mucha gente por delante de mí, veía un cuerpo quemado, la cara negra, no se movía, parecía muerto. Me tapé los ojos con las manos y me puse a llorar. Abrí los dedos y pude ver a

Antonio... – miró a su amiga como pidiéndole que le confirmara el nombre y esta asintió–. Creo que a él también le pareció que se trataba de Adam, me dio la impresión de que él acababa de salir del infierno con mayor fortuna que el inglés. Se movía entre la multitud, se acercó hacia la furgoneta de los heridos, pero, cuando subieron a Adam, no se fue con ellos. Se quedó allí, como si tuviera miedo de acompañarlo..., como si algo se lo impidiera. Cuando se dio la vuelta, vi que le caía una lágrima; después se quedó mirando a ver quién salía. Yo me marché para casa.

– Crees que era él, pero...Entonces..., ¿por que no está en la lista de fallecidos, ni tampoco está enterrado en el cementerio?

– Era él. Lo vi con mis propios ojos..., y, sobre todo, en la cara de su amigo.

– ¿Puede estar en el hospital...?

– No, lo he buscado en todas partes y no está. Además;si estuviera vivo, hubiera venido.

– Tampoco vino Antonio.

– No sé. Algo raro hay en todo esto...

- Tu bailaste con Antonio –interrumpió López, dirigiéndose a la otra moza que estuvo todo el rato escuchando a su amiga con mucha atención

- Sí, pero hablamos muy poco.

- ¿Qué me puedes decir?

- Me contó que se llamaba Antonio. Era alto, pero un poco menos que el inglés. De pelo moreno y los ojos castaños, con bigote. Me dijo que se dedicaban al transporte y se quedarían unos días...

- ¿Sabes de dónde era? –cortó López.

- No. A mí me pareció que tenía un habla muy fina, podía ser madrileño; aunque también tenía un poquito de acento extranjero..., pero muy poquito..., como francés o así.

- ¿Madrileño? ¿Acento francés?

- La verdad es que estuvimos juntos muy poco. Me pareció una persona agradable. Daba la impresión de que estaba cansado, supuse que venía de muy lejos

- ¿Te contó algo acerca de la mercancía que traía?

–	No. Ni de dónde venía, ni adónde iba – concluyó la moza.

Le pareció que todo lo que le habían contado era muy interesante, que cuando se enfrentase al comandante no lo haría con las manos vacías. Pero una idea recorría su mente: no encontraría las claves de aquel enigma hasta que no atrapase a aquel Antonio de habla fina madrileña y acento francés.

– Les prometo que los encontraré – concluyó Lópéz y se marchó.

CAPÍTULO V

Se levantó temprano aquel día. Se lavó en la palangana de su cuarto y ni siquiera desayunó la achicoria que le solía preparar la patrona.

Al llegar al acuartelamiento se paró un momento a observar la fachada constituida por tres cuerpos, con muchas ventanas y una gran puerta principal ornamentada con molduras labradas en piedra arenisca. Luego enseñó al soldado de guardia su placa y le dijo que quería ver al coronel. El militar tomó nota de sus datos y le requisó la pistola; después avisó al oficial de guardia, un teniente. Este le pidió que le acompañase hasta la oficina desde la que realizó una llamada para comprobar si el coronel   podía recibirlo; dijo que se trataba de un policía y su interlocutor dio su aprobación. Cruzaron la galería, después el patio y subieron las escaleras. Habló con el soldado que vigilaba el despacho y le dejó pasar. Al poco rato regresó con el visto bueno de su jefe y le indicó que entrase. Allí se encontraba de pie, al lado de una mesa, un hombre de mas sesenta años. Se saludaron con un fuerte apretón de manos y enseguida el coronel le invitó a sentarse; él hizo lo mismo.

- ¿Qué le trae por aquí? –preguntó el militar de forma cortés.

- Como creo que ya sabrá, soy inspector de policía en Madrid. Mis superiores han decidido que investigue el asunto del bombardeo...

- Aquí creemos que todo está muy claro –le interrumpió el coronel–. Se trata de un desgraciado incidente.

- Ya. Eso es lo que pretendo demostrar y para eso necesito su ayuda. Ya sabe usted como son en Madrid

- Lo sé, lo sé –dijo con una sonrisa–. La verdad es que, precisamente, cuando ocurrió aquel desdichado accidente, yo estaba en Madrid... De todas formas...cuente con mi total colaboración; pero creo que quien mejor puede ayudarle es el comandante. ¿Quiere que el teniente le lleve hasta su despacho?

- Sí, muchas gracias. Encantado de conocerle –dijo mientras le estrechaba la mano despidiéndose.

- A usted. Si necesita alguna cosa, no dude en pedírmela.

Al salir López, el teniente le dijo que le esperase un momento; enseguida regresó para acompañarlo. No tardaron en llegar a la puerta de una oficina custodiada por un soldado. El oficial charló con este y le permitió entrar. Al momento salió y, a la vez que se despedía, le dijo a López que podía entrar. Él se encontró con el comandante: un hombre de mediana estatura, fuerte complexión y el pelo muy cano. Le invitó a pasar y se sentaron frente a frente junto a la mesa del despacho.

- Me dijo el coronel que usted es el que más me puede ayudar en el asunto del bombardeo...– lanzó López a bocajarro, sin ningún tipo de preámbulo.

– Así es –dijo el comandante despúes de tomarse un tiempo–. Un asunto muy feo..., aunque sin ninguna arista...El único problema que tuvimos fue que el soldado encargado de las cruces se confundió, pero ya está todo solucionado...

– Ya. Imagino que para un hombre como usted no es ningún problema que cinco inocentes pierdan la vida – cortó López con gesto receloso.

– Sí..., ya se lo dije: un asunto muy feo... – indicó frunciendo el entrecejo y mirando de soslayo–, pero los que estamos en el estamento militar no le damos tanta importancia a la vida como otra gente...Un error de los italianos, que la diplomacia ya ha solucionado. Los familiares serán recompensados... Nadie va a presentar reclamación.

– No sé muy bien quién..., pero hay gente arriba que no está tan convencida como usted..., y tiene algunas dudas...; por eso me han enviado a que investigue..., creen que hay algo raro...

– Seguro que alguno de esos que aspiran a ganarse en los despachos lo que no fueron capaces de conseguir en el campo de batalla..., los que están poniendo puentes de plata a los patriotas que marchan a Rusia. Me parece que hasta va a haber puñaladas traperas... No creo que sea bueno para el país. A ver si después de ganar la guerra a los rojos, nos vamos a enzarzar entre nosotros.

– Yo no entiendo de política.

– Yo menos..., pero no me gustan algunas cosas que veo.

– ¿Por qué se hicieron ustedes cargo de las víctimas? –preguntó López queriendo avanzar un poco en la conversación.

– Fuimos los primeros en llegar al lugar –respondió con altanería–. Debido a que nos encontramos en esta zona tan "privilegiada",–silabeó el comandante esta palabra–, cercana al conflicto bélico, disponemos en este cuartel de un excelente servicio médico; y, debido a la urgencia, consideramos que lo mejor era traerlos aquí.

López pensó que aquel hombre era conocedor de sus investigaciones y se había preparado la entrevista o, tal vez, él era demasiado previsible.

– ¿Qué me puede contar de un inglés que acompañaba a un camionero? –preguntó para concluir después de dar por fallida aquella conversación.

– No sé nada de ningún inglés. Sí de unos transportistas que nos trajeron trigo...

– ¿Trigo?

– Sí, aquí y, supongo que en muchas otras partes, es como el oro.

– ¿Cómo se llamaban?

– Antonio...

– ¿Y el otro?

– El otro no hablaba nada, era muy tímido, llevaba un gorro y parecía que se escondiera en él.

– ¿De dónde venían?

– De Barcelona, y hacia allá regresaron –levantó los ojos el comandante y miró a López fijamente sin la menor turbación–. Aunque puede que se quedaran a descansar algunos días...; ya sabe, por las fiestas...¿Quiere que llame al almacén?

– No es necesario...Imagino que nada tendrán que ver...

– Ellos vinieron por Valencia y Málaga. Recuerdo que en uno de esos lugares tenían que cargar a la vuelta, para no regresar de vacío…

– ¿Les trajeron mucho trigo? –le pregunto López tratando de despistar

– Sí, ya sabe la importancia que tiene en estos tiempos. Para mi es un orgullo que los soldados coman pan, que no sea de centeno, cuatro o cinco veces a la semana, eso nos da mucha categoría. Llegaron abrumados porque unos niños les habían robado una parte de la mercancía y, además, hirieron a una persona que venía con ellos, alguien que recogieron por el camino. Pero nosotros no podíamos permitir una cosa semejante, lo recuperamos de inmediato.

– Yo creo que en el cementerio no están enterrados todos los que murieron… ¿Qué opina usted?

– Que en Madrid se aburren y leen muchas novelas de misterio… Mientras unos patriotas marchan a entregar su vida en Rusia, otros están maquinando para que a su regreso encuentren un país muy distinto al que dejaron. A usted lo han enviado aquí los conspiradores.

No le gustó nada aquello a López y pensó que de aquel hombre poco podía obtener, al menos aquel día.

– Debo irme... Creo que me ha aclarado todo lo que necesitaba saber –dijo con tono irónico–. Me marcho; pero... ¿no le importará si vuelvo a visitarle?

– En absoluto... –respondió el comandante silabeando, y continuó con tono mordaz–. Los dos representamos la Nueva España, esa que algunos no entienden todavía. Venga usted cuando quiera..., será un placer charlar con usted.

López salió del despacho y encendió un cigarrillo que empezó a fumar cadenciosamente mientras regresaba a la pensión. No le cuadraba que aquel comandante tuviera respuesta tan fácil a todas sus preguntas. Tras la conversación con las mozas, López estaba seguro de que Adam había muerto en el bombardeo, que era el "Ing" de las cruces. Si vino desde Barcelona con Antonio transportando el trigo, no podía ser un inglés de los que cruzan la valla para pavonear ante las mujeres de La Línea. Movía la cabeza haciendo gestos de negación. Se preguntaba quiénes serían aquellas personas que fueron enterrados en el camposanto al lado de Adam.

Lóp, se quedó parado en la acera. Daba fuertes caladas, parecía que quisiese terminar pronto el cigarro, como si ello le ayudase a resolver su problema. Pensó en que, tal vez, tendría que ir a Barcelona a buscar a Antonio. En ese instante, un militar le cogió la chaqueta por detrás.

- ¿Usted es el policía de Madrid? –le preguntó aquel hombre que llevaba en su guerrera las estrellas de teniente.

- Sí. ¿Qué desea?

- Sé que estuvo hablando con el comandante –le dijo balbuceando y entrecerrando los ojos–. No le contó toda la verdad.

- No me contó nada. ¿Lo hará usted?

  El oficial miró hacia atrás y vio el cuartel

- Vayamos a otro sitio. ¿En dónde se aloja?

- En "La Ponderosa"

- Me espera en una hora... Entraré a ponerme otra ropa.

- Allí estaré.

El hombre corrió hacia el cuartel. López se quedó observándolo, iba con mucha prisa y muy nervioso, parecía que temiese ser visto. López se volvió y se marchó. Gente en las calles que se acercaban a él y lo agarraban para que les diera una limosna, solo querían algo para comer, no tuvo más remedio que hacerles caso. Llegó a la pensión y decidió esperar en el vestíbulo. Encendió un cigarro, se quedó pensativo. ¿Cómo aquel hombre se iba a arriesgar por ayudarle? Las señoritas pasaban a su lado y lo saludaban, él devolvía el cumplido.

Cuando llegó el oficial, le pidió que fueran a un sitio más escondido. López pensó en el patio, pero a aquel hombre no le pareció suficiente; entonces él le dijo que subieran a su cuarto.

Cerraron con llave, a cal y canto. Se sentó en la silla que hacía las veces de galán de noche, y López en la cama. El militar le desveló que era el máximo responsable médico y en su condición de sanitario había atendido a la tercera persona que llegó con Antonio y Adam: Miguel, un policía que los perseguía desde Barcelona, y que había utilizado alguna treta para acompañarlos hasta La Línea. Durante su convalecencia pudo oírle decir algunas frases: "Tengo que descubrir a todos los traidores" ."Los camioneros me llevarán hasta ellos". "En La Línea los cogeré".

Fue uno de los muertos en el bombardeo, el doctor los vio en el cuartel antes de que, de forma misteriosa, alguien se los llevase; el otro era el compañero de Antonio. No tenía ni idea dónde podrían estar enterrados, pero no eran los del cementerio. Entonces López sacó el papelito donde había apuntado las iniciales, y una de las cruces empezaba por la letra M, "M de Miguel pensó".

–   ¿Y el tercero? –preguntó.

Su interlocutor se quedó rojo, tragó saliva, miró el reloj y le dijo que tenía que marcharse, ya llevaba demasiado tiempo fuera del cuartel y alguien podría sospechar.

López lo siguió, unos pasos más atrás, hasta la puerta, desde donde lo vio partir. Iba mirando hacia todas partes, más nervioso que nunca. López encendió un cigarro y se quedó en el recibidor. Acababa de identificar a dos de los muertos que el comandante le negaba, pero ¿y el tercero? ¿Por qué al doctor le dio tanto miedo hablar de él? ¿Quiénes eran Adam y Antonio para que un policía como Miguel estuviese tras ellos? ¿Quiénes eran los traidores que Miguel pretendía encontrar en La Línea? Demasiadas preguntas por resolver.

Aún seguía inmerso en sus pensamientos cuando apareció Luisito, parecía que hacia mucho tiempo que no lo veía.

–	¿Qué haces por aquí?

Luisito le respondió llevándose la mano a la barriga y la movió de arriba abajo. López lo cogió de la mano y se dirigió hacia la cocina, pero Luisito tiró de él hacia fuera, para presentarle otro niño un poco mayor.

–	Es mi jefe –dijo Luisito–. Le hablé de ti.

–	Supongo que también tendrá hambre.

Luisito hizo un gesto vehemente con la cabeza y se fueron juntos hacia la cocina. Allí estaba la señora preparando un caldero de patatas. Los niños al verlo se relamieron.

–	¿Falta mucho, doña Adoración?	–preguntó López.

–	Un poquito...

–	Prepare para tres..., y dos tienen mucha hambre... Vayamos nosotros fuera a ver qué me tenéis que contar – la mujer arrugó el hocico–. No se preocupe, se lo pagaré aparte.

Cruzaron el comedor y salieron al patio. No era muy grande, pero tenía una galería y muchas macetas colgadas por todas las paredes. Hacía mucho calor y se quedaron a la sombra. López sacó un cigarrillo y Pedro, el amigo de Luisito, le pidió uno.

– ¿No eres pequeño para ello?

– Hace mucho tiempo que fumo.

Se lo entregó. Entonces Luisito creyó que era su oportunidad y también le pidió, pero volvió a recibir un no como respuesta.

– ¿Sabéis algo de un camión de trigo ?

Luisito miró a su jefe, parecía que le estuviera pidiendo permiso; pero fue este quien se puso a hablar:

– Nosotros nos dedicamos a robar. Si no lo hiciésemos, ya estaríamos muertos. Si lleva tiempo por aquí, se habrá dado cuenta de que hay mucha hambre. Cuando vemos un camión, uno se pone delante y, al frenar, los otros se suben a la caja para coger la mercancía. Aquel día había una persona atrás, pelearon y cayó al suelo; se dio un porrazo tan grande que no podía moverse. Nosotros descargamos los sacos que pudimos hasta que los conductores se dieron cuenta y bajaron. Al ver a su compañero, lo recogieron en lugar de correr tras nosotros. Así pudimos huir con facilidad y no perdimos nada de la carga, pero tuvimos la mala suerte de que fuese para el ejército. Nunca les robamos a ellos, sabemos muy bien lo que nos puede pasar. Enseguida vinieron a recuperar el trigo, menos mal que le acompañaban los dos camioneros, porque faltaba un saco y se creían que no se lo queríamos dar, pero uno de ellos les dijo que lo habían gastado en comprar gasolina...

‒ ¿Has vuelto a ver a alguno?

‒ Sí. Al que nos defendió lo vi el día del bombardeo, al otro no.

‒ ¿Y después de ese día lo has visto?

‒ No. Nunca.

No le había aportado mucho, pero les pidió que le siguieran hacia la cocina para comer las patatas tan ricas que preparaba doña Adoración. La patrona tenía también un manjar exquisito para López: pan de trigo. Miró a los niños y le pareció que eran demasiado pequeños para disfrutarlo: las patatas serían más que suficientes. Cuando los muchachos terminaron de comer, López los acompañó hasta el recibidor, donde les agradeció sus servicios, y se fueron mirando hacia atrás. Al regresar a la mesa, le preguntó a la señora cómo podía conseguir tan buena comida mientras en el pueblo se pasaba tanta hambre.

– Esas chicas que usted ve son las mejores clientas que hay por aquí. Es más, hoy día es muy difícil para una pensión tener gente. Salvo usted, nadie posee dinero por estos lares. Ellas son las únicas que pueden conseguir algo. Gracias al cuartel militar, los soldados son asiduos a ellas. Allí hay víveres y hasta pan de trigo blanco; quien tiene eso, lo tiene todo. Por eso me las trate usted bien, aunque creo que no es necesario que se lo diga.

López llamó a su superior desde el teléfono situado en el pasillo de la pensión. Aprovechó para contarle todos los acontecimientos. El comisario quedó encantado de su trabajo y muy contento de haberlo elegido para aquel menester. López le preguntó si sabía algo de un policía que iba tras unos transportistas, uno de ellos ingles.

– Claro que lo sé –le respondió de inmediato–. ¿Por qué crees que estás ahí?

– ¿Por qué no me lo dijo antes?

– Sabía que no te costaría adivinarlo. Eso demostraría que envié la persona adecuada – entonces el comisario se dejó de misterios y comenzó a contarle todo lo que López creía que le tenía que haber dicho antes–. Ese policía era de Barcelona y se llamaba Miguel. Su jefe me telefoneó muy preocupado al leer la noticia del bombardeo, ya que había desaparecido uno de sus mejores hombres. Como somos amigos y nos debemos favores, se puso en contacto conmigo para no levantar ningún tipo de suspicacias en su oficina... Miguel llevaba varios días tras una pista muy importante, no le había concretado a su jefe de qué se trataba, pero si que era algo muy gordo que le podía llevar hasta Gibraltar, y que nada tenía que ver con el contrabando. Confiaba tanto en él que, sin que se enterasen sus superiores, le dio un margen de confianza para una investigación que solo el detective conocía. Le llamó desde Malaga, pero solo para decirle que estaba muy cerquita... No volvió a tener noticias suyas desde aquella llamada y, cuando leyó lo del bombardeo, pensó que algo no encajaba... Por eso estás tú ahí. Le telefonearé para decirle que tenía razón, que su subalterno, y gran amigo, murió en La Línea; pero todavía tenemos que averiguar por qué... –concluyó.

Aunque a López le molestó la actitud de su superior, hacía tiempo que había aprendido que no era conveniente hacer reproches a los jefes.

- Si voy a Barcelona, tal vez tenga que hablar con él...

- Cuando lo llame, se lo diré...

CAPÍTULO VI

De camino hacia el cuartel pensaba que tendría que obtener alguna respuesta, no podría dejar que le volvieran a dar gato por liebre. Enseñó su placa en la entrada y lo dejaron pasar. Dijo que conocía el camino y no necesitaba que nadie le acompañara.. El soldado miró al teniente de guardia y este asintió. Llegó a la puerta de la comandancia; el soldado que la vigilaba le indicó que su superior había salido y no sabía cuánto podría tardar. López decidió quedarse a esperar y se sentó en un banco.

Al cabo de un rato lo vio aparecer por el extremo del pasillo. Se levantó de inmediato, y se dieron un frío apretón de mano.

- Pase usted –le dijo el comandante que parecía estar al cabo de la calle.

Cada uno se sentó en su silla, con la mesa del escritorio de por medio. El oficial no parecía de muy buen humor, como si no le agradara nada la presencia del inspector; sobre todo la insistencia. López se dio cuenta de ello y decidió ir directamente al grano.

- No me dijo que un colega mío fue atendido por su servicio médico.

- ¿A qué viene eso? –preguntó con tono de turbación.

- Estoy aquí por él... Hubo un hombre en la enfermería que vino con los camioneros, ese era mi colega.

- No lo sabía.

- Pare ya con tanto juego y dígame de una maldita vez qué está ocurriendo. ¿A quiénes han enterrado ustedes en el cementerio?

– No sé por qué me pregunta eso... –dijo con voz afilada–. Los nombres están en los periódicos.

– Pero faltan tres personas que murieron en el bombardeo y uno de ellos es mi colega. Quiero llevarme su cuerpo para que reciba cristiana sepultura.

– Si su compañero es uno de los cinco fallecidos, su cadáver está en el camposanto.

– Abrí las tumbas y no lo encontré...

– Podría encerrarlo por eso.

– No tiene ninguna autoridad sobre mí.

– Aunque usted sea policía, no puede saltarse la ley. Lo que hizo es ilegal.

– ¿Ilegal? Lo que es ilegal es que tres personas no hayan sido enterradas. ¡Usted sabe dónde están! –insistió López elevando el tono–. Tengo que llevarme a mi compañero.

Los interrumpió un soldado, que entregó un papelito al oficial.

– Lo siento, otros asuntos me reclaman –dijo el comandante tras leerlo–. Pase usted por aquí cuando quiera, pero creo que se está imaginando cosas que no existen.

– No puede dejarme así. Antes de marcharse debe decirme qué le ocurrió a Miguel.

– Debo irme. Otros asuntos me reclaman... Si desea esperarme, le atenderé cuando regrese – dijo el comandante esbozando una sonrisa incrédula.

– Claro que le esperaré –respondió López cortando la sonrisa a su interlocutor– ¿Dónde voy a estar mejor que aquí?

Salió de forma impetuosa, dando un fuerte portazo. Llegó al patio y encendió un cigarro, no tenía muchas ganas de volver a la pensión. Sentía que aquel comandante le había tomado de nuevo el pelo, y lo peor de todo era que no se le ocurría nada para corregir el agravio. Mientras fumaba quiso dar un paseo por las instalaciones, como si esperase que alguien se le acercara, pero no fue así. Pasado un rato le entró un poco de sed y decidió ir a la cantina, donde pidió un vaso de vino y se sentó en una mesa. No había mucha gente, pero uno de los soldados no parecía estar muy alegre.

- ¡Qué horror! –chillaba aquel pobre hombre y colocaba los labios en una posición difícil, como de asco.

López, como buen policía, quiso consolarlo y se acercó a él.

- Ya pasó..., la guerra ya pasó; poco a poco lo iremos superando todos –trataba de animarlo con palabras de buen samaritano.

- Hay cosas peores que la guerra... –dijo el soldado. López pidió una jarra de vino y echó en el vaso de su nuevo amigo. Este, con la mirada perdida, dio un trago y se lo bebió todo. El inspector creyó que necesitaba más, y le volvió a llenar. Lo sorbió con avidez, consiguiendo fuerzas para continuar con sus lamentos–. Yo creía que ya lo había visto todo..., pero no..., me esperaba un castigo mayor... ¿¡Cómo puede ser!? Esos cuerpos quemados no recibieron sepultura, no encontrarán nunca la paz, nadie vendrá a reclamarlos, nadie irá a su entierro, nadie los llorará, nadie los velará... –López no paraba de echarle vino. Aquel hombre sabía mucho más de lo que hubiese pensado encontrar aquella clara mañana del mes de julio. López se dio cuenta de que el camarero había desaparecido–. ¡Inocentes, pobres inocentes!

De repente, por la puerta de la cantina, aparecieron varios soldados, encabezados por el sargento, cogieron al pobre hombre y se lo llevaron. El suboficial quiso darle una explicación que el inspector no había reclamado.

- Mira que horas son, y ya borracho.

Y se marchó con todo su séquito. López terminó de beber su vino y se fue a ver al coronel.

- No está –le dijo el soldado de guardia.

- ¿Tardará mucho?

- Me parece que sí, pero si se da prisa puede alcanzar al comandante. Acaba de salir de su despacho.

Se bajó enfadado y salió a la calle. Allí lo encontró intentando subir a un coche. López se puso delante del vehículo

- ¿Qué está pasando aquí?

- Nada, esto es el ejército. Usted ve cosas raras por todas partes. Aquí solamente cumplimos órdenes.

– Tienen unos cadáveres y no saben qué hacer con ellos.

– Están todos en el camposanto, enterrados y bien enterrados. Lo siento, tengo mucha prisa.

– No están todos, faltan tres.¿De quiénes son? Miguel, Adam...¿Quién es el otro? ¿Dónde están? ¿Por qué no los han inhumado?

– Yo creo que usted lee muchas novelas de misterio –dijo el oficial con tono irónico y la mirada envuelta en ira–. No para de inventar; todo lo que dice está en su mente. Nada tiene que ver con la realidad. Yo no estoy aquí para hacer caso de sus especulaciones.

– ¡Tendrá que escucharme! –dijo López elevando el tono de forma súbita.

– ¡Aparta! –chilló el comandante.

– No, tengo que ver al soldado.

– ¿Qué soldado?

– Estoy convencido de que le encargasteis que se deshiciera de los cadáveres. Él sabrá dónde están, por eso se lo ha llevado su gente. Seguro que ya lo han encerrado en la cárcel. Hasta que no sepa toda la verdad, no me marcharé...

- ¡Mira que es cabezón! –exclamó el comandante bajándose del coche, le hizo un gesto al conductor para que se marchara y se subió con López al despacho. Se sentó en su silla y le pidió al inspector que tomase asiento–. Si se fuese a Madrid, sería mejor para todos.

- Tengo que ver a ese hombre.

- ¿Si se lo permito, me dejará en paz?

- Primero hablo con él, después decidiré – concluyó extenuado.

El comandante asintió sin decir palabra; luego llamó al hombre que vigilaba en la puerta y le pidió que lo acompañase. Los dos marcharon, llegaron al patio, pasaron la galería y cruzaron un estrecho pasadizo que les condujo a los calabozos. Allí había varias celdas, algunas estaban abarrotadas de presos, políticos, según le dijo el militar. En la del fondo solo había uno, y era aquel soldado que rato antes había estado hablando más de la cuenta. López lo vio desde la reja.

- Quiero entrar –le dijo a su acompañante.

- No tengo autoridad para ello... No sé si debo.

A pesar de la duda, llamó al carcelero y le pidió que le abriese. Este le hizo caso y sacó el manojo de llaves del bolsillo. Al acercarse a aquel hombre vio que tenía la cara magullada

– ¿Es usted el sepulturero del cuartel?

– Podría decirse que sí.

– ¿Por qué hubo muertos del bombardeo que no se llevaron al cementerio?

– No puedo hablar, no me dejan que diga nada. Todos los fallecidos están en el camposanto –repetía mecánicamente, con la mirada perdida–. Los otros no existen.

– ¿Quiénes son los otros?

– Nadie, no hay nadie más

– Usted sabe que murió más gente de la que dicen.

El soldado que le acompañó seguía muy atento la conversación

– ¿¡No ve que no quiere hablar!? –chilló al inspector.

– ¡Les tiene miedo! ¿Qué le han hecho? –gritó López más fuerte, mirando alrededor con angustia–.Tengo que llevármelo, este hombre no puede estar más tiempo así, se va a volver loco.

-   Ni se le ocurra...

-   O me lo llevo por las buenas o tendré que llamar a mis superiores para que me envíen una orden.

-   ¿Me toma por tonto...? Aquí las órdenes de sus superiores no sirven para nada.

-   Se viene conmigo –López se abalanzó sobre el soldado y le quitó la pistola, después cogió al reo por la camisa.

-   ¿Se da cuenta de lo que está haciendo...? – repuso el militar–. Esto le puede costar muy caro... ¡Fonseca, avisa al comandante! – ordenó a uno de sus compañeros.

López agarró al preso por un brazo y, con la pistola en la otra mano, comenzó a abandonar la celda. No tardó en llegar el comandante con un grupo   de soldados que, de inmediato, se colocaron los rifles sobre los hombros y apuntaron a López.

-   ¿Se ha vuelto loco? No dé un paso más o les ordeno disparar – amenazó el oficial.

-   ¡Ni se le ocurra! –replicó López y empezó a caminar por el pasillo de la cárcel, los soldados iban tras él .

– ¡Para de una puta vez, o lo mato! –insistió el militar apuntando a López, que no le hacía caso, y continuó hacia adelante, adentrándose en la oscuridad del pasillo– .¡Para de una puta vez o disparo!

De repente una bala salió de una pistola, pero no era del comandante, sino la del sargento, y se alojó en la cabeza del soldado.

López le gritó "hijo de puta" con mucha rabia. Se agachó, le tomó el pulso y al percatarse de que aún vivía lo cogió en brazos y continuó su huida. Mientras los amenazaba, gritando que lo pagarían muy caro, lo llevó a la enfermería!

El comandante con su séquito le abrieron paso y lo siguieron hasta el patio, allí les ordenó que volviera cada uno a su destino. Solo se quedó el sargento para acompañarlo.

Llegó López hasta el despacho del doctor, quien se dispuso rápido a atender al herido. Enseguida pidió a sus asistentes que se preparasen para una intervención urgente. Los enfermeros cogieron al soldado y se lo llevaron a la sala de operaciones, donde no podía pasar nadie ajeno al servicio.

Cuando aparecieron el sargento y el comandante, el inspector le habló a este de forma amenazadora.

- ¡Rece porque ese hombre no se muera! – balbuceó López.

El comandante se quedó callado, se llevó las manos a la mejilla y se la frotó.

- Es un combatiente español y, si vive, seguirá sirviendo a la patria como siempre ha hecho.

- El sargento tiene que rendir cuentas ante la justicia – le increpó López.

- La militar, por supuesto –le replicó el comandante mirándole a los ojos.

- Ya lo veremos...–dijo López apretando los dientes.

- Lo que pasa aquí dentro, se queda aquí.

- ¿Eso fue lo que ocurrió con mi compañero? ¿Se quedó aquí para siempre?

- Su colega, del que nadie tenía noticias que fuese policía, fue hospitalizado, pero por una paliza que le dieron los niños. Aquí lo curamos y no volvimos a saber nada de él.

- Lo encontraré aunque tenga que ir al infierno a buscarlo –sacó un cigarro López, no le ofreció a su interlocutor. Cogió el mechero, lo encendió y fumó con rabia.

- Aquí no ha pasado nada –quiso concluir el comandante a modo de ultimátum–. Es la única condición que le pongo para dejarle salir.

- No le tengo ningún miedo. Es más; con su actuación me está diciendo que aquí ocurrió algo ... Hablaré con mi superiores...–dio otra calada y expulso el humo al aire formando círculos.

- Me parece bien. Seguro que ellos le harán entrar en razón...

Llegó el doctor para informarles que el soldado había entrado en coma, y las posibilidades de que sobreviviera eran mínimas. Les pidió que se marchasen, allí nada podían hacer; ni siquiera él podría ayudar mucho. El comandante asintió con la cabeza y se fue, López tras él. No tardó en abandonar el cuartel, con algunas dudas en su mente, pero con la determinación de que aquellas personas que habían quedado en el anonimato saldrían a la luz.

CAPÍTULO VII

Desde la pensión telefoneó a su superior, convencido de que le podría ayudar a poner en su sitio a aquel oficial que creía tener poderes más allá de los que correspondían a su rango y condición.

—	El comandante no es trigo limpio... Casi mata a un soldado que me podría dar una información muy importante, creo que trascendente; ahora está en coma. Quiero que me autorice a intervenir, quiero denunciar ese intento de asesinato.

— Alto, López –le interrumpió el comisario–. No debe seguir por ese camino. No podemos meternos en los asuntos del ejército. No están las cosas, ni mucho menos, para que le toquemos las narices a los militares. Nos podría costar muy caro. No, López, no. Cumpla con su obligación. Usted puede hacer un buen trabajo sin necesidad de meterse en ningún jardín del que no sea capaz de salir.

— No debemos permitir que ese hijo de puta se salga con la suya –dijo con mucha rabia–. Además, estoy convencido de que allí dentro está la solución a todo, que en el cuartel encontraré la respuesta a mis preguntas.

— Haga lo que pueda, pero no se meta en líos con el ejército...

— Lo intentaré –aceptó resignado–, aunque si no puedo trabajar con libertad en el cuartel, tendré que ir a Barcelona...

— Vaya si lo cree necesario, pero mucho cuidado con los militares...

Continuaron un poco más antes de colgar. López se quedó en el recibidor, con sus dudas: permanecer en La Línea por si se le abría alguna ventana que le trajera un poco de aire fresco en aquel caluroso verano o ir a Barcelona, donde podría encontrar algo de luz.

Le sorprendió la visita del doctor.

- Me juego el pellejo al venir aquí.

- Todos corremos riesgos en estos días...¿Qué tal está el soldado?

- No creo que dure más allá de esta noche – respondió el doctor contundente.

- Supongo que usted no ha venido a hablarme de la salud de ese pobre hombre.

- Tiene usted razón... Aunque me siento un tanto culpable, por no haberle contado toda la verdad el otro día... Lo cierto es que no está dando palos de ciego, que va por buen camino. Esa persona, fue la encargada de deshacerse de los cadáveres que no llevaron al cementerio... Antes de que intentaran matarlo, se había confesado con un compañero; este, muerto de miedo por lo que le pasó a su amigo, ha venido a contármelo, quiere que alguien esté al tanto por lo que pueda ocurrir. Me   dijo   que   el   hombre   que   tenemos debatiéndose entre la vida y la muerte se deprimió poco después de que le encargasen aquel trabajo: no le resultó nada fácil ocuparse de tres cadáveres del bombardeo que nadie quería enterrar...

- Pero..., ¿por qué? –preguntó López angustiado.

- Al soldado que tengo en la enfermería, en coma profundo del que jamás podrá salir, alguien le encomendó la misión de ocultar tres de los cuerpos que perecieron en el bombardeo; después tuvo que encontrar otros tres cadáveres para reemplazarlos en las cajas...

- ¿Qué sentido tiene eso? –insistía López cada vez más apenado por lo que iba descubriendo.

- Porque nadie debía conocer la identidad de los tres hombres que murieron en el bombardeo en el edificio del ayuntamiento...

- Pero usted sí que lo sabe...¿verdad?

- Sí..., ya le hablé del inglés, después Miguel, y el tercero.. el tercero es un militar de alto rango, un teniente coronel: "T.C."

- ¿Y cómo puede morir un teniente coronel sin ser enterrado?

- Su cadáver lo enviaron a Madrid al día siguiente para que fuese inhumado, pero dijeron que falleció en un accidente en Valladolid; el lugar donde oficialmente se encontraba.

- ¿Y dónde están los otros dos?

- Eso puede que nunca lleguemos a saberlo. La única persona que podría ayudarnos, no creo que sobreviva.

- ¿Por qué los escondieron?

- Supongo que entonces tendrían que explicar qué hacía aquí el teniente coronel...

- ¿Lo sabe usted? –preguntó López, ansioso de información ante la persona que más ayuda le estaba proporcionando.

- No; pero imagino que tendría mucho que ver con el motivo de su muerte. Lo vi algunas veces por el cuartel; aunque nunca entendí muy bien a qué había venido. Parecía fuera del escalafón, como en misión especial. Yo creía que estaba inspeccionando algo o controlando al comandante; este no se sentía muy cómodo con él. Alguna vez le oí algunos comentarios despectivos que realizaba ante el sargento, su mayor aliado. Nadie tenía idea cuál era la misión de aquel hombre, solo el nerviosismo del comandante podía dar alguna pista

– ¿Qué le decía al sargento?

– La verdad que no eran cosas que pudieran indicar nada, pero sí denotaban que la presencia de aquel hombre no era muy grata. Alguna vez le oí algo así como: "Estos de Madrid se han olvidado de los valientes que cayeron por la patria". "Cada vez hay más *juntaletras* y menos auténticos patriotas en los puestos de responsabilidad". Cosas de ese estilo, como si fuesen bandos enfrentados en esa "guerra" que se libra en estos días. Creo que al comandante no le gustaría nada que usted supiese esto; si se entera, yo lo pasaría mal.

Terminó el doctor y dijo que tenía que irse. Pensaba que ya había vengado la memoria de aquel pobre inocente que estaba en la antesala de la muerte sin saber por qué. Antes de salir se detuvo un momento.

– Descubra usted lo que ha pasado, se lo debemos – abrió la puerta y desapareció.

Al poco rato, López escuchó un ruido. Salió al pasillo y vio que la dueña de la pensión caminaba tras el médico sin que este se diera cuenta, llegaron a la puerta y la mujer cruzó la calle. Tanto le intrigó a López, que la siguió hasta el cuartel. La señora esperó un poco a que el galeno entrara y después pasó ella. López prendió un cigarro, se lo fumó, con la colilla encendió el siguiente, los pisaba con fuerza, como si pretendiera estrujar el mundo. Sacó su reloj del bolsillo pequeño del pantalón y miró la hora, el tiempo pasaba demasiado despacio. Cuando salió la señora, se escondió tras la esquina para que no lo descubriera, y la vio partir por la otra calle.

López regresó hacia la pensión, por el camino iba pensando en todo lo que le había contado el doctor. Un teniente coronel, un inglés y un compañero, y, en el centro de todo, un camionero que vino de Barcelona, pero con fina habla madrileña y acento francés. Volver a ver al comandante o ir a Barcelona en busca de Antonio que podría ofrecerle mas respuestas que aquel militar esquivo.

Al entrar vio a la dueña en la cocina

–   ¿Puede acompañarme un momento? –le rogó con voz amable.

La agarró por el brazo y se la llevó hacia el patio. Estaba oscureciendo y había poca iluminación. La señora lo miró extrañado, temiéndose que la hubiese descubierto. Aunque no con mucho empeño, hizo el amago de tirar para atrás, tratando de resistirse

‒ ¿Qué pretende usted?   –dijo al fin, cuando ya se
    encontraban en el patio.

– Me va a contar usted a qué fue al cuartel...

– A nada que a usted la interese –repuso con
soberbia.

–   No estoy acostumbrado a hacer daño a una
    mujer... –replicó con rabia–, pero, si no me dice
    ahora mismo la verdad..., sabrá cómo nos las
    gastamos en la capital.

– No le tengo miedo, me protege el comandante...

La mujer se percató en ese momento que había
hablado mucho más de la cuenta. Sintió como si se
hubiese delatado.

‒   ¿ Qué líos te traes con ese hombre? ¿Espías para
    él?

– ¿Por qué no regresa a Madrid...? Allí tendrá una
    familia que le está esperando..., aquí lo único que
    puede hacer es enfrentarse a gente muy
    poderosa...

López se enfadó y, con una mano, la agarró del
cuello y le habló de forma brusca.

– No tengo familia. Déjese de monsergas y cuénteme qué hacía en el cuartel.

– El comandante me ayuda, me da trigo, me da carne, me da patatas; de todo lo que a ellos les llega me guarda un poquito...

– ¿Me mintió cuando me dijo que era gracias a las mozas? –le interrumpió el inspector y enseguida comprendió que debía dejarla seguir.

– También ayudan, pero no lo suficiente.

– ¿ Qué le da usted al comandante a cambio?

– Le informo de todas aquellas cosas de interés que pasan por aquí

– ¿Escuchó usted al doctor?

– Sí – contestó bajando la mirada.

– Puede que lo haya enviado al paredón.

– Eso no es cosa mía – respondió con aplomo.

Lópéz la soltó y dejó que se marchara. Encendió un cigarro y se quedó contemplando como, poco a poco, la luz del día iba desapareciendo, el brillo de los jacintos se difuminaba. Buen momento para reflexionar, para pensar que lo único que estaba consiguiendo era perjudicar a la gente que le ayudaba. Tal vez lo mejor sería partir hacia Barcelona sin más. Toda la noche estuvo dándole vueltas a esa idea, pero por la mañana se le abrirían nuevas aristas.

CAPÍTULO VIII

Fue a tomar algo a una taberna cercana a la calle Tetuán, aún se podía apreciar el olor de las bombas. Se sentó junto a   una mesa y se dispuso a darle un repaso al periódico: "robo a la duquesa de Canalejas. En su propia casa le sustrajeron relojes, pulseras y sortijas. Han identificado a los dos ladrones que responden con los alias de *el verduras* y *el loco.* Según fuentes policiales fueron ayudados por una mujer, *la Lola*".

Ya sabía él que no iba a encontrar ninguna respuesta, ya ni siquiera aparecían noticias del bombardeo, pero se entretuvo al ver que en Madrid aún resonaban los ecos de la gente que despedía a los voluntarios que partían hacia Rusia. Dejó de leer cuando vio llegar al jefe local; este, al percatarse de la presencia de su colega, se acercó y se sentó a su lado. Sacó un pañuelo del bolsillo para secarse el sudor.

- Parece que le gusta el clima de La Línea –le dijo a López.

- Ni mucho menos, hace demasiado calor para mi gusto y, además, me he perdido la despedida de los héroes que parten hacia Rusia...–respondió con poco sentimiento–. Hasta que no ate unos cabos sueltos, no me voy a marchar.

- Es usted más terco que una mula; pero si es tan patriota como dice, ¿por qué no regresa a Madrid? Hay gente más arriba que nosotros a los que no le gusta nada lo que está haciendo.

- ¿Gente? ¿Qué gente?

- No creo que sea necesario que le explique más. Usted es muy listo, sabe que están pasando muchas cosas; por favor, no se meta en los follones que otros preparan. Yo que usted me marcharía lo más pronto posible. La respuesta a sus superiores es muy fácil… No se complique la vida.

– No son solo mis superiores, soy yo. Usted debe saber que este duendecito que tenemos aquí –dijo tocándose el pecho– es muy caprichoso y no entiende las oscuras razones de los mortales… Hay tres cadáveres que no se corresponden con los muertos del bombardeo.

– Lo hecho, hecho está. Aquello fue un error y las víctimas están bajo tierra, no lo removamos más. No debemos hurgar en las heridas

– ¿Por qué?

– ¿Qué le ha dicho el comandante?

– No me ha dado respuesta alguna. Él sabe mucho más de lo que me ha contado. Estoy convencido de que me oculta todo lo que ocurrió, pero es como una roca impenetrable.

– Si él no quiere decirle nada, sus motivos tendrá. Es uno de esos héroes como los que parten hacia Rusia… No se ha ido porque piensa que aquí todavía hay batallas que librar… Confíe en ese hombre, que es como confiar en la patria.

López sabía que aquella persona, a la que en algún momento consideró su colega, no le iba a ayudar; se había situado en una trinchera distinta a la suya, pero López no conocía más barricada que la de la verdad; aunque le pareció que los valores que guiaban al jefe de la policía en La Línea eran distintos a los que él albergaba, creyó que lo que más le preocupaba era seguir fielmente los pasos de un comandante que tenía mucho que ocultar, aunque lo escondiese bajo el paraguas del patriotismo.

- No voy a confiar en una persona que no tiene la piedad de enterrar a los muertos, que no quiere que estos descansen en paz. Murió un colega, yo no lo conocía, ni vosotros tampoco, pero era uno de los nuestros, lo que le pasó a él nos pudo pasar a cualquiera. Somos policías y no debemos permitir que ocurran estas cosas.

- Ha caído tanta gente en esta guerra por el bien de la patria.

- También falleció un paisano de La Línea en el cuartel, y ha sido enterrado como una víctima de la explosión. ¿Sabe algo?

- Claro que sí; era un rojo, un traidor... Lo mejor que le pudo pasar fue que lo enterrasen con honores, porque su padre fue un gran patriota y su madre se debate entre la vida y la muerte.

– Entonces no os preocupa.

– No.

– ¿Y qué me decís del inglés?, también falleció en el bombardeo.

– Eso es completamente falso. No sé de dónde saca usted sus informaciones, pero no consta que muriera nadie más que los que enterraron. Alguien está jugando con usted, alguien que sabe que tiene una imaginación enfermiza...Ese inglés cruzó a Gibraltar... y seguro que su amigo fue tras él.

– ¿Y por qué no tenemos noticias suyas?

– Se habrá pasado al enemigo...

– Imagino que de la muerte de un teniente coronel tampoco os habréis enterado....

– ¡Eso ya es demasiado! –exclamó el inspector jefe golpeando con el puño en la mesa–. Yo creo que alguien le ha contado una gran mentira y usted, en lugar de investigar, se la ha creído a pies puntillas...

– No sé.... Antes de marcharme quería ir a ver al comandante –dijo con amargura–; aunque me temo que me dará respuestas muy parecidas a las vuestras.

– Mejor sería que no vaya, debemos respetar al estamento militar. Ellos son los grandes héroes de esta cruzada que no terminó en el treinta y nueve, sino que debe continuar por tiempo.

– No podemos refugiarnos en la guerra para justificar crímenes horrendos.

– Los de Madrid no tenéis remedio.

Se marchó hacia el cuartel, para hablar de nuevo con el comandante. Tras la charla con su colega le quedó muy claro que este comía en su mano; pero, a medida que se aproximaba, le invadía una duda: ¿y si tenían razón y el equivocado era él, por hacer caso de las elucubraciones de un enterrador loco y un doctor con algunas pretensiones que no alcanzaba a conocer?

Al llegar pidió al soldado de guardia que lo dejara pasar. No esperó respuesta y corrió hacia el patio, con enormes zancadas subió las escaleras. El militar que venía tras él no era capaz de alcanzarlo, llegó hasta la puerta del despacho y abrió sin pedir permiso. El comandante estaba solo, releyendo unos papeles, dejó de hacerlo al momento y movió la mirada hacia el inspector que, con paso firme, se acercó a la mesa y se sentó.

– Solo venía a despedirme de usted, creo que mi trabajo aquí ya ha terminado. No logro sacar nada, no vale la pena que el estado se gaste el dinero que no tiene –dijo con rabia.

– Me alegro de que usted haya recapacitado y vuelva a ser esclavo del sentido común... Al final se habrá dado cuenta de que todo fue fruto de su imaginación –dijo el comandante mientras extendía la mano para ofrecerle un cigarro que López cogió gustosamente.

– Lo único que he pretendido es que tres personas reciban cristiana sepultura y nadie ha querido ayudarme...

– Eso no es del todo cierto –trató de aparentar bondad–. Todos los que murieron esa nefasta noche están donde tienen que estar: en el cementerio; y usted lo sabe... Lo que ocurre es que, no sé por qué extraño motivo, usted, y todos los que están detrás de usted, parecen interesados en desprestigiar al glorioso ejército español...y removerían Roma con Santiago para conseguirlo, pero no se van a salir con la suya;

somos muchos los patriotas que no podemos permitirlo.

- No se envuelva usted en conjuras...Solo pretendo descubrir la verdad...y le juro que llegaré hasta el final, y me llevaré por delante a todo el que trate de evitarlo...

- Veo que tiene usted apoyos sólidos, sino no hablaría de esa forma, pero ande con cuidado. Son tiempos en los que todo cambia con mucha rapidez

- No me meta a mí en esa absurda pelea que libran ustedes...Solo me interesa la verdad.... –López paró un momento, se encendió el cigarro y continuó–. Por cierto, ¿conocía usted a David, uno de los muertos en el bombardeo?

El comandante se sonrojó. No esperaba aquella pregunta.

- Sí. Pertenecía a una familia muy respetada en la localidad. Creo que fue la que invitó aquella noche a cenar en su casa a dos mujeres indigentes que tuvieron la desgracia de estar en un buen sitio en un mal momento.

- Pero él no estaba allí.

- Claro que sí, murió aplastado por los escombros.

- No parece que sea así...Yo creo que lo torturaron

- Elucubrando hasta el final –dijo el comandante sonriendo–, no tiene usted remedio. Le voy a dar una noticia de última hora, mis colaboradores me han contado que un inglés, que podía ser ese por el que usted me preguntó, pasó a Gibraltar. Yo creo que su colega fue tras él, vaya a buscarlo allí...

- Le haría caso si me quedara más tiempo, pero...– ironizó López.

- Adiós –dijo el comandante mientras estrechaba con fuerza sus manos.

- Dele recuerdos al doctor.

- El doctor ya no está entre nosotros...–López se quedó inmóvil, un sudor frío recorrió toda su frente, un temor inundó su alma–. Le han ofrecido otro destino.

- ¿ En el infierno? –preguntó López .

- No, en Madrid –le respondió el militar con una leve sonrisa–. Le han concedido el traslado.

Se despidieron cortésmente y el inspector salió dando un portazo.

PARTE SEGUNDA

CAPÍTULO IX

Al llegar a la estación de Sants, López sintió en el aire el olor a mar. Tuvo que cruzar entre la muchedumbre que, cargadas con maletas, se agolpaban para subir al tren. En la entrada cogió un taxi y entregó un papelito al conductor con la dirección de la comisaría. El día comenzaba a desperezarse y no había mucha gente por las calles. En el trayecto pudo ver que aún quedaban casas derruidas, sobre todo por la parte baja. A medida que se iban acercando al Paseo de Gracia se notaba que la reconstrucción era mayor, al menos parecía que los escombros habían sido recogidos. Las casas se erguían orgullosas como diciendo: "nadie podrá con nosotras". El taxi se detuvo frente a la comisaría, le pagó y dejó propina. La fachada de estilo vanguardista conmovió a López. Preguntó en la puerta por el comisario Rodríguez, un agente le dijo estaba atareado y tendría que esperar un poco. Había mucho jaleo aquella mañana: unas gitanas; que serían madres, hermanas o esposas de unos detenidos, imploraban que no les pegaran a sus niños. Abajo, en la zona de los calabozos, se escuchaban los gritos de dolor de unos hombres que estaban recibiendo un severo castigo de las fuerzas del orden. La comisaria se convirtió en un ir y venir de agentes para arriba y para abajo; algunos tratando de controlar a la parentela de los detenidos: unos gitanos acusados del asesinato de una mujer de sesenta años, señora de disponibles. La mataron tras una discusión y la enterraron en el jardín de la casa.

Cuando el policía vio que el comisario estaba libre, acompañó a López hasta su despacho.

Aquel hombre de aspecto jovial, alto y fuerte, no pudo contener una lágrima al volver a oír, en boca de López, la noticia de la muerte de Miguel. Uno de sus mejores hombres, según le dijo, que dejaba viuda y dos hijos.

Después le contó que estuvo un tiempo sin saber nada de él. Miguel había partido de Barcelona persiguiendo a los camioneros de un cargamento de trigo, que trabajaban en el almacén del mayor estraperlista de la ciudad, con grandes conexiones con el poder, ahora caído en desgracia. Ese hombre era don Odón y, dentro de su propia organización, había recibido una puñalada trapera que le llevó directamente a prisión. Allí tendría que acudir López para intentar coger el hilo de la madeja.

- ¿Fue a La Línea siguiendo un caso de estraperlo? – preguntó López.

- ¡Qué va! Me habló de que el asunto iba mucho más allá del simple contrabando..., pero no tuvo tiempo para contarme nada más.

- Muchas gracias por todo   –quiso López ser cortés.

- De nada. Si necesita más ayuda, aquí me tiene a su disposición... La verdad es que vaya día que llevamos... Acabamos de detener a unos gitanos y parece que vamos a tener que hacernos cargo de toda la parentela.

López partió hacia la prisión de Barcelona en busca de don Odón, antiguo estraperlista. Pensaba que pondría luz a algunas de sus dudas.

En aquella cárcel podía contemplar el reflejo de todas las penas que venía viendo últimamente: un muro gris desvaído, descascarado, con l*amparones;* ventanas con rejas herrumbrosas y cristales rotos; las puertas despintadas.

Le recibió el director quien, tras una corta y amena conversación, dio orden a un subordinado para que lo acompañase.

– Ese hombre no está muy bien de la cabeza. No creo que pueda usted sacarle nada... –le dijo el celador–. Ya vinieron otros policías y tuvieron que dejarlo por imposible.

López no quiso responderle. Avanzaba pensativo por unos corredores angostos, húmedos, de paredes encaladas y desconchadas, el polvo y la suciedad se acumulaban en el suelo, la rancia luz de una bombilla que titilaba amenazaba con dejarlos a oscuras; creía que le conducirían a los infiernos. Hacía calor en el verano del cuarenta y uno en una prisión de aquella Barcelona que aún desperezaba de los efectos de una guerra que quería olvidar. Llegaron a la sala de visitas y vio aparecer a los presos con la cabeza baja, unas rejas los separaban de sus familiares y amigos, por entre ellas paseaba un guardia que, a veces, se detenía un momento, haciendo creer que controlaba las conversaciones.

Don Odón: bajito, rechoncho, doble papada y manos sebosas, con la mirada perdida, queriendo darle la razón a las palabras del celador.

Enseguida supo que López era policía. No era el primero que venía a visitarlo. Después de interesarse por su estado, López le preguntó por Antonio.

- Valía mucho aquel muchacho y continúa con Marcel. Supongo que no estuvo metido en la trampa que me tendieron.

- ¿Quiénes?

- Jorge, mi segundo. Me dijeron que se quiso apoderar del almacén, pero al final hay justicia divina y tuvo la suerte que se merecía: murió; Marcel me vengó. Todo fue una conspiración para terminar conmigo, Jorge lo preparó todo. Creo que Antonio no le ayudó, se le veía muy buena persona, aunque ya no puedes fiarte de nadie.

- ¿Quién es Antonio?

– No sé quién es. Me lo trajo Marcel, el que se ha quedado ahora con el negocio. Antes él me ayudaba con los transportes y algunas veces me pedía que le colocara gente. Al muchacho se le veía muy espabilado y lo puse de contable en la oficina... –don Odón se detuvo un momento, como si creyera que estaba hablando más de la cuenta–. No sé si debo continuar...

– Vengo de Madrid, estuve en La Línea donde descubrí que un comandante dejó tres muertos sin recibir el entierro que se merecen. Una viuda de las nuestras, no de las rojas, no podrá recibir pensión hasta que yo no descubra dónde está el finado... ¿No le parece motivo suficiente para ayudarme?

– No. Hay tantos en las cunetas.

– ¿No me irá a decir que usted es uno de esos rojos.

– ¡Ojalá! Entonces pasaría el resto de mi vida en prisión por un motivo digno; ahora me han condenado por una equivocación; después de haber sido el ser más repugnante de toda la ciudad...

– Me tiene que ayudar..., por esa pobre viuda y esos niños.

– Le voy a contar lo que sé, porque ya todo me da igual; ya me han sentenciado a cadena perpetua. Han querido dar un ejemplo contra el estraperlo y en mí han encontrado unas costillas bien amplias.

– Lo siento mucho.

– Lo peor es la hipocresía; el estraperlo seguirá porque son ellos los que más se aprovechan.

– No diga esas cosas –trató de reconducirlo López.

– ¿Qué más pueden hacerme a mí...? A usted se le ve buena persona, por eso le voy a contar lo que no me han podido sonsacar sus colegas...Bueno, realmente, es que ya todo me da igual, mi suerte está echada, no voy a salir de aquí en la vida, me pudriré en este infierno; solo me sacarán con los pies por delante. Ya me han condenado, pero no por mis pecados, sino porque les fallé. El mal que hice a la gente, no les importa..., para eso no hay pena, porque tampoco hay perdón... Si supieran la verdad tendrían que mandarme al mismísimo infierno... y esa sería mi liberación...Tengo la perpetua; cuanto más viva, más les pagaré. Quiero que usted haga todo lo posible para que me den garrote. Mejor... ¿No tiene usted una pistola? Ah, claro, no le dejaron entrar con ella, tenían miedo a que se la quitara...–se detuvo un momento, apretó los dientes, miró a su interlocutor de arriba abajo, pero después continuó–. Yo me había convertido en el mayor estraperlista de Barcelona, tenía contactos..., el gobernador, de Falange, era mi amigo y colocó a mi cuñado en la Junta de Abastos. Con esos mimbres pude conseguir el negocio más importante que hay en toda la ciudad –López encendió un cigarro y le ofreció. Don Odón lo cogió ansioso y fumó con auténtico placer–. Todo comenzó cuando un miserable delató a un rojo para que se lo llevaran a prisión; ese miserable fui yo. Le pedí dinero para un proyecto, que nos reportaría pingües beneficios, y no quiso asociarse conmigo. Entonces entré en su casa para robarle el dinero y unas joyas de la familia. Tuve la mala suerte –silabeó con ironía– de que me descubriera la policía, pero con ellos apareció un falangista y le dije que aquel hombre era un antiguo militante de la UGT; en lugar de detenerme, me pidió que le diera una parte. La parentela, muerta de miedo por la situación del padre, no reclamó nada, se resignaron. Con el tiempo aquel falangista se convirtió en el gobernador de Barcelona, para entonces nuestra fructífera amistad   se había vuelto inquebrantable, hasta hace muy poco: el día que me encerraron a mí, cayó en desgracia. Durante mucho tiempo, cuando encarcelaban a un rojo, yo me hacía cargo de todo su patrimonio; las autoridades no necesitaban correr riesgos, me tenían a mí; pero se llevaban su parte y no era moco de pavo. Mas tarde tuvimos que detener a gente que no era roja; así fue cómo, por envidia entre vecinos, por rencillas y por muchos otros motivos que no harían más que degradar al ser humano, cayeron inocentes sin que nadie lo impidiera. Luego conseguí colocar a mi cuñado en la Junta de Abastos, y eso fue el empujón final que necesitaba para mi negocio: me convertí en el estraperlista más grande de Barcelona. No solo obtenía mercancía de los pobres rojos y demás desgraciados, sino que gran cantidad de productos que la Junta de Abastos decía vender a empresas fantasmas   fueron a parar   a mi almacén... Tendría que haberlo visto usted en los buenos tiempos. Allí había de todo; cualquiera que necesitara algo, no tenía nada más que decírmelo. Si alguien quería prosperar y hacer el mejor regalo, allí estaba don Odón...

– Sí, pero ¿qué fue de Antonio?

- Antonio sabía mucho de cuentas, pero creo que él no tuvo nada que ver en la trampa que me tendieron, y todo para quedarse con el negocio, o, quién sabe, puede que para mucho más. Porque cuando yo caí, también cayó conmigo el gobernador...Sabrá usted que los de Falange andan en la cuerda floja. Creo que no vinieron a por mí; sino a por el gobernador. Todo ocurrió el día de la celebración del segundo año triunfal, la conmemoración de la liberación de la ciudad por las tropas nacionales. El gobernador decidió ofrecer un festín; para quedar bien ante los grandes prebostes del régimen, me lo encargo a mí. No podía haber hecho cosa mejor, pero algo sucedió: una conspiración. Aquello fue el mayor fracaso de la historia. La comida, con un aspecto inmejorable, ya que no reparé en ningún gasto, a sabiendas de que se trataba de una inversión de futuro; pero alguien echó algo en los alimentos y, pasado un rato, todo el mundo empezó a sentirse mal y a vomitar. Nos tuvieron que llevar al hospital, solo Jorge se salvó.

- ¿Y Antonio?

- No sé. Marcel me juró hasta la saciedad que no tuvo nada que ver en el asunto, pero no estoy seguro. Yo creo que Jorge solo no pudo hacer todo aquello, y si alguien era capaz de ello, ese era Antonio. Nunca supe de dónde vino. Me parece que se fue en el reparto hacia Gibraltar.

–   ¿A qué iba a Gibraltar?

–   Marcel no quiso perder aquella ruta. Era una de las mejores. Y a la vuelta se venían por Valencia donde podíamos cargar de todo.

–   ¿No iría a llevar al inglés?

–   Yo nunca llegué a verlo, pero supe de la preocupación por él. Un día vino a preguntarme un policía. Yo quería hablarle, decirle algo. Mi negocio se basaba en la confianza mutua con ustedes. Aquel hombre tenía mucho interés por el inglés, pero nunca llegó a decirme por qué. Pedí a Marcel que me diera algo; a mi me estaban apretando las tuercas..

–   ¿Cómo se llamaba aquel policía? –le interrumpió López.

–   Sí, yo lo conocía. No era la primera vez que venía a pedirme ayuda. Se llamaba Miguel –López se estremeció–. Tenía mucho interés en el inglés. Por eso le pedí a Marcel que me facilitara alguna pista o mi negocio saltaría por los aires. Y me la dio, me dijo que el inglés estaba escondido en un prostíbulo de la ciudad, pero no quiso decirme cuál; aunque no tardé en averiguarlo..., se encontraba en El Ave del Paraíso.

Odón paró un momento al ver que pasaba el guardia.

– ¿Antonio transportó al inglés a Gibraltar? – preguntó López cuando se alejó.

– Eso creo. Supongo que eso fue lo que pensó Miguel y por eso fue tras ellos.

El vigilante les comunicó que había terminado el tiempo y tenía que llevárselo. No importaba, ya había recibido bastante información y, sobre todo, pistas para continuar sus pesquisas: encontraría más en el almacén y en el Ave del Paraíso.

CAPÍTULO X

- Si usted colabora no les pasará nada...- le decía
  López a la dueña del "Ave". Una mujer de unos
  cuarenta años, fuerte, muy fuerte, con el pelo
  recogido que comenzaba a teñir canas, y algunas
  arrugas intentando tomar posesión de una cara
  que tiempo atrás debió ser preciosa. Era
  temprano y no había más clientes. Sentados
  junto a una pequeña mesa redonda, la ventana
  abierta para que entrase la luz, los dos fumaban

del tabaco que ella le dio–. Yo no soy de Barcelona, he venido de Madrid; pero no para cerrarles el local. Estoy aquí por otros motivos distintos: busco a dos personas que, me consta, han pasado por aquí no hace mucho tiempo. Sé que usted me puede dar toda la información que necesito. Por eso... si no lo hace, tendré que tomar medidas.

– Lo que pasa en este local debería quedarse en él – le interrumpió la mujer–. La confianza es nuestra mayor virtud. En los tiempos que corren, si la defraudamos, lo pasaremos mal...

– No me venga con cuentos, por favor –replicó el inspector con desagrado–. Pasarlo mal es una posibilidad; pero si no colaboran conmigo, será una certeza. No tardaré ni veinticuatro horas en mandarlas a todas a la calle. No tengo ni idea de a quién tendrán en su nómina para poder funcionar, pero le aconsejo que no corra riesgos...

– ¿Tengo alguna alternativa? –preguntó la mujer resignada.

– No, ninguna. Solo puede colaborar y después rezar. Además, le advierto que sé lo suficiente como para adivinar si me miente u oculta algo...Si así fuera, vaya despidiéndose de esta cómoda vida... –apretó el cigarro con fuerza sobre el cenicero–. Quiero que me informe acerca de dos personas que pasaron por aquí. Uno se llama Antonio, estuvo trabajando con don Odón. ¿Lo conoce?

– Sí, lo conozco.

– Y el otro es un inglés que respondía al nombre de Adam...–al oírlo, a la mujer le cambió el rostro–. Según mis noticias los dos estuvieron por aquí y me parece que este último más que Antonio.

– Sí, es cierto, el inglés estuvo aquí escondido. No sabemos de qué huía; pero debía ser algo muy grave...De todas formas, para que vea que quiero colaborar, mandaré a buscar a las chicas que más hablaron con ellos, seguro que le pueden dar detalles que a mí se me escapan...¡Llama a Lilí y a Malena! –gritó la dueña, y una muchacha que barría en el pasillo fue a buscarlas.

De inmediato aparecieron dos señoritas. López pidió que pasase una y que la otra volviese a su cuarto, ya le avisaría la primera cuando terminasen. La muchacha miró a su jefa en señal de pedirle permiso, y esta asintió. Malena era delgadita, pequeñita, de pelo negro y ondulado, cejas depiladas, coloretes y los labios muy pintados; un mechón le tapaba los ojos y, de cuando en cuando, se lo echaba para atrás.

— ¿Conociste a Antonio?

— Pasa tanta gente por aquí. No suelo acordarme de los nombres... —contestó displicente la muchacha.

— ¡No me vengas con monsergas, o te empapelo! —le cortó López enfadado.

La moza miró de reojo a su jefa y en su rostro pudo ver que le pedía que lo contase todo.

— Sí. Lo conocí; pero... —se paró un momento, parecía que no quisiera decir nada que pudiera implicar a aquel hombre—, es una persona muy buena... Desde el primer instante me cayó bien, me trataba de forma distinta a los demás, en ningún momento me faltó el respeto —López se llevaba la mano a la cara y se la frotaba. Se encontró ante el gran dilema: decirle que fuera directamente al grano o dejarla divagar durante un tiempo; tomó esta última opción—, más bien todo lo contrario. Era una persona muy educada y se le notaba que había sufrido, parecía que no lo debió pasar bien tiempo atrás...No sé de dónde vendría, no sé si algún día regresará, pero se portó tan bien conmigo; no creo que haya hecho nada malo. Un día me llevó a pasear..., le hablé de mi niño y, desde entonces, no paró de traerme comida del almacén donde trabajaba: carne, leche, fruta, pan de trigo y muchas cosas más... No creo que haya hecho nada malo, y la guerra ya terminó. No hagan sufrir más a la gente, bastante tenemos con el hambre que pasamos... – a López se le empezaba a acabar la paciencia.

– ¿Qué hacía aquí?

– Trabajaba en Barcelona. No llevaba mucho tiempo, pero estaba empleado en un almacén...

– ¿Por qué se marchó?

– Tuvieron problemas y decidió irse un tiempo... – se llevó la mano a la boca, se la tapó como quien sabe que ha hablado más de la cuenta.

– ¿Qué problemas?

– No lo sé...

– ¿Cómo que no lo sé...? –López miró a la jefa–. Le recuerda a esa mocosa que nuestro trato incluye contarlo todo. Una pregunta mía sin la respuesta adecuada, y se acabó...

– No te preocupes –le dijo la jefa a su chica–. Este hombre es de Madrid y no nos hará ningún daño...

– Pero no quiero que le pase nada a Antonio... –dijo con voz baja y mirando al suelo. Enseguida levantó el tono–. ¡Dejenos en paz! Bastante hemos padecido ya, y siguen torturándonos...

– ¡Di de una puta vez si va a volver! –le gritó López.

– Sí – dijo la muchacha llorando y salió corriendo.

La jefa se fue tras ella, no tardó en aparecer con la otra muchacha. Lilí era más alta y robusta, de pelo castaño y con los ojos negros.

– Sí –comenzó a hablar sin que nadie le dijera nada, la mirada perdida–, conocí al inglés; pero no le voy a perjudicar. Dijo que un día volvería a por mí. Cuando Antonio vino para llevárselo, no quería marcharse: tuvo que utilizar la fuerza para separarlo de mí. Pasamos unos días maravillosos y me prometió que me sacaría de este lugar. Cuando todo termine; cuando la guerra en Europa acabe, me iré a Escocia. Me hablaba de aquel lugar, de la gente pelirroja como él, de las montañas verdes y los valles, y de un cielo tan azul que te hace llorar de alegría. Lo esperaré, tarde el tiempo que tarde, pase lo que pase; él regresará a mi lado y nos iremos lejos de este país de todos los demonios.

- No vendrá –quiso interrumpir López aquel bonito sueño–. No vendrá nunca.

- Sí, me lo prometió. Usted no quiere que yo sea feliz. Usted pretende que me pudra en este lugar; pero él no es como usted, no hay nadie como él. Vendrá a por mí.

- Está muerto... Me tienes que ayudar a encontrarlo, para que por lo menos tenga la paz y el descanso de una sepultura en el camposanto.

- No..., no está muerto –dijo arrastrando cada sílaba, llevándose las manos a los ojos para tratar de retener unas lágrimas que amenazaban con bajar como un torrente–. Él no está muerto, no puede morirse...

- Quiero que me digas qué hacía en España..., ¿qué misión tenía que cumplir?

- Su única misión era sacarme a mí de este lugar. Se lo pregunté más de una vez y siempre me daba la misma respuesta.

- ¿Adónde se fue? –López encendió un cigarro, le ofreció a la chica, y esta lo aceptó complacida.

- Con su amigo, un *partisano* que le había salvado en Francia y ahora tenía que ayudarle –exhaló una calada y el humo fue a parar a los ojos de López que ni se inmutó.

- ¿De qué le salvó?

- De una muerte segura, de los nazis.

- ¿Es un soldado británico?

  Se quedó pensativa.

- No lo sé.

- ¡Me cago en Dios! –gritó enfurecido López–. Aquí nadie sabe nada de nada –la muchacha se asustó. López cogió la botella de vino que tenía sobre la mesa y la estrelló contra la pared–. Lo vais a pagar muy caro...Esto lo cierro yo, pero con todas vosotras dentro y le prendo fuego...

- Anda, vete –le dijo la jefa a la joven, interrumpiendo a López.

- ¡Sí, que se vaya! Para el caso que me hace...,pero usted tendrá que decirme algo.

‒ Venga conmigo –le conminó la jefa.

Cruzaron una cortina que llevaba al pasillo, a través de él llegaron a una pequeña y oscura habitación, donde había una mesa tras la cual se sentó la mujer, e invitó a López a que hiciera lo mismo en la otra silla, frente a ella. La jefa encendió el ventilador, abandonó el abanico que antes utilizara y encendió una luz que apenas alumbraba y que amenazaba con dejarlos a oscuras.

‒ Me tienes que prometer que no nos ocurrirá nada...–López asintió con la cabeza–. Y si me das alguna compensación –dijo mientras movía los dedos haciendo el gesto de que se refería a dinero–, no nos vendría nada mal en los tiempos que corren...

‒ Lo segundo mejor dejarlo...En la calle estarían deseosos de vivir como lo hacen ustedes.

‒ Me ha prometido que no nos ocurrirá nada. Yo le hice un favor a Marcel recogiendo al inglés el tiempo que fuese necesario antes de que Antonio se lo llevara..., no sé muy bien dónde...

‒ ¡Ya estamos! –gritó furioso López–. No voy a permitir que me toméis más el pelo... La promesa solo tendrá efectos si colaboras... Ahora no puedes volverte atrás... Con lo que me acabas de decir te puedo empapelar para toda la vida...¿Por qué tenía que esconderlo? ¿Por qué le haces favores a Marcel?

La jefa lo miró con recelo. Aunque no era la primera vez que colaboraba con la policía, le costaba mucho contarle todo lo que sabía; pero, tal y como le advirtió López, ella acababa de percatarse de que no tenía alternativa.

- En estos tiempos, todos nos ayudamos. Antes de quedarse con el negocio de don Odón, Marcel tenía camiones. Solíamos intercambiarnos favores...

- ¿Y eso qué tiene que ver con el inglés...?

- Eso no lo sé..., nunca le pregunto nada... Sé que él me lo agradecerá y eso es bueno para los dos negocios; pero la impresión que me dio era que el inglés era un soldado de la aviación, que cayó en Francia y al que Antonio le iba a ayudar a cruzar la península para llevarlo hasta Gibraltar –al fin los labios de López permitieron una sonrisa, la jefa lo notó y sintió que tal vez se diera por satisfecho.

–   Siga... Creo que aún tiene cosas muy importantes que contarme.

La jefa salió al pasillo, y vio que no había nadie.

–   Un policía merodeaba por aquí.

–   ¿Miguel?

–   Sí, Miguel. A veces hablaba conmigo. Me contó que venía persiguiendo a un pez gordo del ejercito británico... Entonces él no sabía que estaba escondido aquí, ni yo le dije nada. El día que se enteró, vino para llevárselo, pero Antonio se le adelantó. Su colega me dijo muy enfadado que no tenía tiempo, pero cuando regresara me iba a enterar de lo que había hecho... Según le he escuchado a usted, no volverá a cumplir su promesa.

Aunque se sintió satisfecho, López comprendió que tendría que utilizar la baza de Marcel para colocar más piezas en aquel *puzzle* que, poco a poco, iba tomando forma. Por otro lado necesitaba tiempo, el suficiente para que Antonio regresara. Las palabras de la jefa le despejaron algunas incógnitas, pero también habían abierto otros interrogantes y solo Antonio podía ayudarle a resolverlos. A pesar de todo, quiso cumplir su promesa de no cerrarle el local. Aún quiso pedirle algo.

– Como no he obtenido toda la información que esperaba –aquello no sentó bien a la jefa, que acababa de entregarle el alma–, tendrá usted que hacerme un favor; aunque lo más importante es que nadie debe saber que yo he estado aquí...¡Se lo advierta a esas mocosas!

CAPÍTULO XI

Eran las ocho de la mañana, López se encontraba a las puertas del almacén que ahora regentaba Marcel y que, en los tiempos de máximo esplendor, dirigiera don Odón. Había cambiado el traje de chaqueta, que dejó en su pensión, por un pantalón azul, una camisa blanca, que se arremangó, y una gorra. Vio que entraban algunos empleados, esperó la llegada de un oficinista y subió tras él. Le preguntó por el jefe y le respondió que esperase un momento, no tardaría en llegar. Al poco rato apareció un hombre de mediana estatura, un poco fuerte, de pelo corto y castaño. El empleado le dijo que López quería hablar con él. Marcel le pidió que entrasen a su despacho.

– Necesito trabajar con usted... Aquí le traigo una carta de recomendación.

Sacó un papelito que la jefa del "Ave" le había escrito y se lo entregó; Marcel lo miró por encima de las gafas y después lo leyó.

– ¿Qué sabe hacer? –le preguntó rápido.

– A mí se me dan muy bien los números – respondió López.

Regresaron a la oficina, le mostró una mesa vacía y le pidió que tomase posesión de su nuevo puesto de trabajo. Pensó López que sería el que tiempo atrás había ocupado Antonio. Le extrañó mucho que dejara aquella oficina por un camión, seguro que en la respuesta podía encontrar la solución a muchas preguntas que venía planteándose desde La Línea. Se sentó y pasó un buen rato revisando todos los libros. Su compañero, Andrés, lo vio tan entusiasmado con su nueva tarea que quiso aliviarlo un poco, y lo invitó a dar un paseo por el almacén. Le iba enseñando la mercancía: muebles, tapices, todo tipo de porcelanas, lámparas, libros, cuadros, motores, alhajas y, además, cualquier clase de alimento que la mente más iluminada pudiera imaginarse, en sacos, en cajas, en garrafas, botellas, en estanterías, en cámaras , en el suelo. A la vez trataba de explicarle el significado de aquello, pero lo que López no podía entender era que la gente estuviese pasando hambre: viendo todo lo que había allí, nadie podría imaginar la miseria que vivía la mayor parte del país. Lo comentó con su compañero que le dijo que ahora había mucho menos.

–   Desde que no está don Odón el negocio ha bajado.

Cuando terminaron la jornada, López se fue hacia el Ave del Paraíso. Quería ver de nuevo a Malena, no le había gustado mucho la última despedida. Cruzó aquella cortina de tela de Damasco, echó un vistazo al local; el humo y la poca iluminación no le ofrecieron la panorámica que él esperaba. La jefa envió a una de sus chicas, se le acercó con una copa de coñac, invitación de la casa, pero López le dijo que buscase a Malena. La muchacha fue a hablar con su superiora, no tardó en llegar Malena.

López le pidió perdón por lo brusco que estuvo el día anterior, pero ese era su carácter. Le contó que le conmovieron algunas de sus palabras, y, por eso, estaba pensando en dejar la policía para ponerse a trabajar en el antiguo almacén de don Odón. Malena no le creyó, pero eso a ella no debía preocuparle lo más mínimo. Así que le siguió la corriente sin importarle nada, los dos bebieron y fumaron de un paquete que él colocó sobre la mesa. Ella no tardó en sincerarse, aunque sabía muy bien que no debería hablarle de Antonio.

Aún le faltaban algunos años para cumplir los treinta y ya era la viuda de un republicano muerto en la guerra, por ese motivo no disponía de cartilla de racionamiento, por eso estaba allí: para alimentar a un niño que cuidaban los abuelos, que no tenían ni idea de a qué se dedicaba ella, ni querían saberlo. Su cuerpo pequeñito, no pesaría más de cuarenta kilos; sus ojos pintados, el pelo muy cortito, su mirada robada, le daban el aspecto de niña. López quiso invitarla a dar un paseo por las Ramblas el día siguiente. Malena tuvo algunas dudas, pero no tardó en aceptar.

A las nueve en punto se encontraba esperándola a la altura de la fuente de Canaletas. Había llovido aquella madrugada, dejando una mañana gris y húmeda con niebla, un tanto fantasmal; pero López pensó que el sol no tardaría en aparecer. Se alegró al verla llegar, le había dicho a su jefa que iría a misa; a esta le importaba poco dónde fuese, con tal de que estuviese en el tajo a su hora. Le preguntó qué le apetecía y le respondió que lo que más deseaba era pasear. Enseguida le contó que se hospedaba en la misma casa donde trabajaba, y salía lo menos posible; no quería que la reconociesen y la señalaran con el dedo. Llevaba un vestido de color azul celeste y una gorra calada sobre la cabeza, que le daba aspecto de pícara. Parecía feliz aquella clara mañana, como si la incertidumbre que le causó López fuera desapareciendo. Había dejado de ver en él a un policía, no en vano acababa de convertirse en un oficinista del almacén de don Odón. La apagada mirada de Malena empezó a brillar.

No paseaba mucha gente por la calle, tampoco se veían muchos coches; pero, a veces, escuchaban el ruido de un motor que les ilusionaba, después resultaba ser un grupo de falangistas con camisas azul y gorras, en su auto, levantando los brazos y saludando a todo el mundo. Se quedó parada al ver unas mujeres rapadas, quiso encontrar alguna reacción en López, pero este solo miró a ella.

Llegaron a las puertas de una tienda encargada del suministro de quienes poseían la cartilla de racionamiento, vieron una gran multitud formando cola. Un kilo de patatas en penosas condiciones y un pan de centeno, para seis personas. Un hombre discutía con el tendero y este le decía que no podía darle nada, porque su número de cartilla no estaba en la relación que aparecía en los periódicos. Malena paró un momento a contemplar aquella imagen donde se palpaba la miseria y la desesperanza. López encendió un cigarro y le pidió que continuara el paseo; pero ella lo cogió de la mano y lo llevó hacia la parte trasera, abrió la puerta y la cruzaron. Encontraron mucha más mercancía de la que se podía recibir con la cartilla, aunque su precio era muy elevado. López entendió que no le había llevado hasta allí para mostrarle lo mal que estaba el país, y le preguntó qué quería que le comprase. Ella comenzó a coger artículos de la tienda: carne, harina, arroz, patatas en condiciones, y otros artículos para el niño. López compró tabaco para él, pagó complacido y, después de encender un cigarro, continuaron el paseo.

Caminaban por una acera quebrada tiempo atrás por los bombardeos; aún no había dado tiempo a reconstruirla. Ella no paraba de hablar de la época tan triste que le tocaba vivir, pero, al observar a la gente por la calle, pensaba que la situación era todavía peor que la suya. Pararon un momento cuando vieron un burro que no pudo resistir más su sufrimiento y cayó al suelo rompiendo todos los cántaros que llevaba. El dueño lo golpeó con el ronzal, pero el animal, que intentó levantarse, no lo logró y murió. Empezó a llenarse la calle de gente que al principio lo observaba desde la distancia, después se apelotonaron alrededor. Uno tuvo la osadía de sacar una navaja que clavó en el animal arrancándole un trozo. Del corte que quedó empezaron a tirar otros, cogiendo pedazos hasta dejar el animal en los huesos. Nada pudo hacer el dueño por impedirlo.

Malena se llevó la mano a la cara y se tapó los ojos. Enseguida iniciaron el camino de regreso. Ella aceleró la marcha, pero de pronto se detuvo en una plaza, ante uno de los árboles tupidos y altos al que iban a posarse las palomas. De repente, de entre las nubes, apareció el sol y sus rayos resplandecieron entre las ramas.

– Me parecen los seres más bonito de la creación – dijo casi llorando de alegría por verlas volar en libertad.

Unos niños se acercaron, con unos tirachinas lanzaron piedras a las aves. Una de ellas cayó al suelo muerta, la cogieron y se la llevaron.

Continuaron el paseo; llegaron cerca de la casa de los suegros, donde subió a dejar lo que había comprado. Después regresaron hacia la Rambla y ella le pidió que se despidieran. No quiso que la acompañase hasta su residencia.

– Gracias. Ha sido una jornada maravillosa –dijo sumida entre el encanto y la turbación–. Ya he olvidado la imagen que tenías cuando te conocí; eras otro... Espero que seas tal y como te he visto hoy.

Tras decir aquellas palabras, salió corriendo sin mirar hacia atrás; pero llevándose las manos a los ojos para limpiarse unas lágrimas. Un poco antes de entrar en el "Ave", se quedó parada. Se dio cuenta de una cosa: el día había sido maravilloso, pero echó de menos la magia que tuvo cuando paseó con Antonio.

CAPÍTULO XII

Llegó López al trabajo más temprano de lo habitual. Andrés no estaba en su mesa; sonaban voces en el despacho de Marcel y, de forma instintiva, se acercó. Sin que lo vieran, abrió un poco la puerta y se puso a escucharlos.

– ¿Eso te dijo la gorda? –preguntó a Andrés.

- Sí, López es vecino de su pueblo. Aunque ella hace mucho tiempo que lo abandonó, aún tiene compromisos que cumplir. Al parecer es pariente lejano y sus padres se portaron muy bien con su familia.

- ¿Y crees que podrá servirnos a nosotros?

- Me parece que sí, pero yo no me fiaría de nadie hasta conocerlo bien.

- Bueno –concluyó Marcel–. Te harás amigo suyo y te enterarás bien de cómo piensa, qué siente, cuáles son sus deseos.

Una vez terminada la conversación, López, con mucho sigilo, se dio media vuelta y se fue hacia la calle, hacia la taberna. Estuvo un buen rato, bebió unas copas de anís antes de regresar a la oficina.

De repente sonó el teléfono y lo cogió Andrés, le dio una voz a Marcel, que hablaba en su despacho, y este acudió al momento. Era Antonio desde Valencia, para informarles que se enredaría unos días más porque pretendía liberar a unos presos políticos que trabajaban construyendo un seminario para los curas a los que ellos le llevaban mercancía.

- ¿Habéis oído...? Las cosas del Antonio –les dijo Marcel sacando un paquete de cigarro y repartiendo a Andrés y a López–. Mira que querer liberar a unos presos

– Pero serán rojos –dijo rápidamente López y todo el mundo se percató de que estaban hablando más de la cuenta–. Tenéis que decirle que no lo haga. Nos meterá a nosotros en un lío

– Antonio es así. Le da igual quiénes sean..., su corazón no puede ver sufrir a la gente –dijo Marcel.

Y se metió en su despacho, no sin antes advertirles que siguieran con el trabajo y se dejaran de tanta cháchara. Andrés quiso conocer un poco más los pensamientos de López.

– Antonio es un trozo de pan..., tuvo la idea de que, lo que ganemos con este negocio, se lo demos a la gente que pasa hambre en Barcelona.

– Sí, debe tener un buen corazón... –dijo López–, pero yo creo que lo de los presos es muy arriesgado..

– Bueno... El problema es que nadie es capaz de convencerlo cuando se le mete algo en la cabeza

– ¿Y cómo es que no le acompañó nadie? –preguntó López con intención

–   Si que le acompañaron..., pero... –se paró porque entendió que no podía continuar–. Sigamos trabajando, que se nos va a enfadar el jefe.

López sintió que la persona a la que perseguía era especial y eso hacía que   su interés por él se incrementara.

Estuvo pensando si debía intervenir en el asunto de la liberación de los presos. Si avisaba a las autoridades, podría poner en peligro el objetivo que cada vez era más una obsesión: atrapar a Antonio para que le resolviera el enigma de La Línea.

Salió Marcel y ordenó a López que fuese a la Junta de Abastos a llevarle una carta al director. Este supo enseguida que pretendía hablar a solas con Andrés, por ello se quedó en el rellano y enseguida volvió a entrar. Ya estaba Andrés con Marcel charlando en el despacho de este. Con mucho sigilo abrió un poquito la puerta para escuchar sin ser visto.

–   Ya puedes decirle a la "gorda" que se lo lleve... – decía Marcel y parecía muy enfadado.

–   Yo creo que lo dijo sin darse cuenta –cortó Andrés, y parecía no estar muy de acuerdo con Marcel.

‒ Uno de los nuestros no habla de esa manera... Además, pronto tendremos que entrar en acción y no podemos arriesgarnos. Favores sí, pero siempre dentro de un orden.

‒ ¿Entraremos en acción...? ¿Cuándo?

‒ Lo sabrás a su debido momento. Ahora lo que tienes que hacer es deshacerte de ese fascista....

‒ Bueno... Él piensa que cuando regrese Antonio tendrá que marcharse..., así que no nos dará mucha guerra.

‒ A ver también cuando viene ese, que con la tontería de los presos nos va a dar la nota. No se puede ir de salvador por todas partes, hay que fijarse prioridades.

López lo escuchó y el alma se le estremeció. Sus sospechas se estaban convirtiendo en realidad, pero lo que acababa de descubrir, no era lo que venía buscando. Aquello iba mucho más allá de lo jamás hubiese llegado a imaginar. Se marchó sobrecogido.

Iba por la calle, sin pensar en nada más que en su descubrimiento. Marcel lideraba una organización de rojos que no querían rendirse, o que pretendían volver a empezar. Todo aquello tendría que ver mucho con lo ocurrido en La Línea, pero no podía ser que el comandante estuviera conspirando con Marcel. El inglés sería el encargado de la intervención de los aliados en España. Demasiadas piezas sueltas, cuanto más sabía, más dudas iban surgiendo: como la vida misma. No se movería de aquel lugar hasta destapar todo lo que estaba pasando, su carrera ascendería a lo más alto. De momento no se lo contaría a nadie, para no perjudicar sus investigaciones en el caso del bombardeo. Estaba ante el asunto más interesante, no había nada más importante en el país; se lo agradecería hasta el mismísimo Caudillo. Tantas y tantas ideas pasaron por su cabeza que le costaba digerirlo.

De repente recordó que tenía que ir a la Junta de Abastos, pensó que aquella noche lo celebraría a lo grande en el Ave del Paraíso. Si Malena le acompañaba, mejor. Seguro que cuando se enterase de la suerte que esperaba a Antonio no tendría dudas.

Bebió e invitó Malena, decía que se iba a gastar la paga del mes. Ella a su lado, contenta, pero no entusiasmada. Otras chicas la miraban con envidia.

– El resto nos lo podíamos gastar mañana de paseo – le dijo a Malena, casi como un mero trámite, pensando que no había la mínima posibilidad de que se fuera a negar.

– No, no debo hacer esas cosas. Mi trabajo está aquí y no quiero salir a la calle –respondió bajando los ojos.

– ¿Acaso aquel día te pareció trabajo? –dijo mientras su mirada se desviaba hacia las piernas de la muchacha.

– No... –respondió forzando una sonrisa–, pero no sería bueno para mí salir dos veces con la misma persona. Es más, pienso que no debo salir con nadie.

López se secó la frente con un pañuelo y después encendió dos cigarros, uno se lo dio a Malena, que lo cogió sin pestañear.

– Te compraré comida para tu hijo –insistió mirándola a los ojos.

– Si te parece bien, se la compras; pero no me pidas imposibles –dijo clavándole la mirada– No me chantajees con el pobrecito mío..., no me hables de él en este lugar...

López había estado aguantando el chaparrón gracias a que la bebida le había atontado, pero el champán iba perdiendo sus poderes.

- ¡Es por Antonio...! ¡Es por el hijo de puta ese! –le dijo con rabia; pero intentando no levantar la voz, para que no le oyesen.

- Nada tiene que ver –le contestó con tono tranquilo.

- ¡No me digas que no! Si te lo hubiese pedido él, no te importaría que fuese la segunda o la tercera vez...

- No metas a nadie en esto –replicó con firmeza Malena, echó un trago y dio una calada al cigarro–. Esto es solo cosa mía.

- Ya veremos... En cuanto regrese me lo cargo... –dijo apartándose un poco la chaqueta para enseñarle una pistola y a Malena le cambió el buen humor que tuvo durante toda la tarde– Y si te atreves a decirle algo..., si me entero que sabe de mí..., ya te puedes ir llevando a ese niño de este país, porque no tendrá paz en su vida... Sé dónde vive.

- ¡No serás capaz de eso....! –le interrumpió chillando y la gente que estaba en el local se quedó observando.

- Ya verás de lo qué soy capaz –bramó López.

Malena esperó un momento antes de contestarle, quería que dejasen de mirarlos. Pasó un instante y ya cada cual estaba con su chica, su copa, su cigarrillo; sin importarles nada lo que hiciera el de al lado.

- Mañana iré contigo de paseo –le dijo por sorpresa, removiéndose en la silla.

- No..., mañana no... Ahora soy yo el que no quiere...– replicó con rabia.

López se levantó, metió la mano en el bolsillo de la chaqueta, dejó un montón de billetes arrugados sobre la mesa   y se marchó. Malena los recogió como si no hubiese pasado nada.

- Parece que Antonio regresará pronto –le dijo Andrés a su compañero López mientras este intentaba cuadrar unas cuentas que parecía no querían someterse a sus dictados–. Le salió mal el asunto de los presos..., alguien le fue con el cuento a la policía– López tragó saliva y trató de disimular; después pensó que tenía que hacer un órdago a la grande.

- Creo que debo confesarte algo... Dije el otro día lo de los rojos para asegurarme..., ahora estoy convencido de que vosotros nada tenéis que ver con el régimen que nos sojuzga... Yo también soy un republicano... ¿Por qué te crees que me trajo aquí la jefa del "Ave"? ¿Acaso pensáis que es tonta? Eso que estáis haciendo para que las pertenencias que los fascistas incautan vuelvan a los que más lo necesitan, me parece algo tan bonito...; como el único sueño que pueda tener un republicano, como la última forma de lucha de los que lo perdimos todo... ¿Por qué te crees que estoy en Barcelona?, porque en mi pueblo nadie me daba trabajo. Preguntadle a la "gorda" si queréis. Mi familia pasaba hambre, yo no tenía ninguna esperanza en un pueblecito de Guadalajara, o venía a Barcelona para encontrar trabajo para poder mantenerlos, o me iba a Francia a luchar contra el fascismo. Ahora he encontrado aquí algo por lo que luchar..., con vosotros.

– ¿Y por qué crees que nosotros...?

– No soy tonto. Estáis acaparando para repartir entre los que pasan hambre. Si eso lo supiera el gobernador...,¿qué pensaría?

Andrés se quedó un segundo mirándole, pestañeó, se llevó la mano a la cara, se frotó la mejilla.

– Tienes razón..., se lo diré a Marcel... No nos has delatado, podemos contar contigo... Aquí necesitamos gente como tú..., este país necesita gente como tú.

Andrés se fue al despacho de Marcel... A diferencia de otras ocasiones, López no entreabrió la puerta. Se fumó un cigarro y decidió irse a la taberna de al lado a tomarse un café.

Aquella tarde López se dio una vuelta por el almacén. Volvió a asombrarse por lo que veía allí; le parecía increíble: estanterías repletas de infinidad de productos. Todo lo que cualquiera pudiera desear, o incluso llegara a imaginar, allí podía encontrarlo. Lo primero que pensó fue que el hambre de la ciudad se debía a un mal reparto, que si la gente supiera lo que aquel almacén encerraba saltaría como loca a buscarla. Enseguida recordó lo que Andrés le había contado tiempo atrás acerca de unos indigentes que intentaron robar un camión de don Odón, y se encontraron con una respuesta desmedida por parte de la policía. A nadie se le volvió a ocurrir acercarse a ningún vehículo de su propiedad, ni siquiera el hambre les infundió valor para intentarlo.

Los objetos más curiosos y sorprendentes se encontraban en las estanterías del almacén, o amontonados por el suelo. López imaginaba las historias que tuvo que pasar mucha gente para llenar aquel lugar. Contemplando el más grande de todos los mercados persas se le hizo tarde. Cuando quiso darse cuenta, ya había terminado su jornada laboral. Debía regresar a un piso de los que habían embargado y que ahora tenía como vivienda; aunque se podía salir desde el almacén, quiso pasar por la oficina. La luz del despacho de Marcel estaba encendida y se oía mucho jaleo dentro. Miró a través del cristal de la puerta, vio algunos empleados del almacén; le pareció que otros eran camioneros de la empresa. Se escondió para escuchar la conversación.

- No podemos seguir así –decía Domingo, un camionero–, no podemos potenciar nuestra organización en base a este tipo de negocio injusto. El fin no justifica los medios.

- No será mucho –replicó Marcel–. Hasta que seamos capaces de trasladar este poderío a otra industria menos infame...

- Llevas demasiado tiempo contándonos la misma historia... –le cortó Domingo, y después se volvió de espaldas para dirigirse al resto de compañeros–. Si no actuamos ya,   nunca lo haremos.

- No es tan fácil... –respondió Marcel, empezando a sentirse acorralado.

- Eso será porque nos hemos aburguesados y estamos muy bien así...–a Domingo le temblaba la barbilla mientras hablaba–, pero hay muchísima gente ahí fuera que pasa hambre y espera una señal...

- Eso es injusto –intervino malhumorado Marcel–. Todo lo que hacemos es para ayudar a los que más están sufriendo. Sabes que esta situación nos permitirá alcanzar una posición privilegiada para conseguir nuestros objetivos. Todos compartimos esos recelos por el tipo de negocio en el que nos encontramos, pero, poco a poco, seremos capaces de cambiar hacia algo menos inmoral. Estoy buscando alguien que nos compre el negocio, pero ¿quién puede hacerlo en estos tiempos? ¿Crees que podré vendérselo a alguien decente? ¿Crees que quien nos lo compre dará dignidad a esta indignidad? ¿Lo dejamos y nos vamos para que lo coja el primero que llegue? No es nada fácil, debemos tener en cuenta que jamás encontraremos un lugar tan seguro para escondernos como este: aquí, al lado de ellos, como compañeros de nuestros enemigos...

– Haciendo lo mismo que ellos. Robando a nuestros propios compañeros cuando son delatados...

– Sabes que desde el principio he tratado de reducir esa actividad a mínimos...; estoy a punto de conseguir que no nos llevemos los bienes de ningún delatado.

– No me vas a convencer .

– Lo sé, procuro reducir la indignidad; tendríamos que acabar con el régimen para lograrlo. Me consuelo con saber que desde esta plataforma podemos conseguir que entre gente nueva. El último que ha llegado, López, no tardará en unirse a la causa. Y si el negocio creciera, vendrían muchos más.

– Si solo nos siguen porque se les da un trabajo, esto no tiene sentido – le cortó Domingo.

– No es así. Para abrazar nuestros ideales se necesita estar convencido, pero no hay que despreciar ningún medio para que empiecen a conocernos – volvió a intervenir Marcel...

– No tengo tan claro como tú que se unan a la causa por convencimiento.

– El tiempo nos dará o quitará la razón – afirmó condescendiente Marcel.

– Tal vez no nos sobre tiempo. Por otro lado –quiso Domingo cambiar el tercio–, ¿cómo puede ser que tengamos de todo y no dispongamos de armas, que es lo que más nos interesa? –concluyó Domingo con mirada glacial.

– Sabes que es lo único que nos está vetado. Se vendría todo abajo…–Domingo movió la cabeza decepcionado y Marcel que lo vio quiso consolarlo–,pero no te preocupes, en el momento que tengamos que usarlas sabré cómo conseguirlas.

– Callad – cortó Andrés ¿No habéis oído algo?

Fue hacia la oficina, encendió la luz, pero López ya se había escondido detrás de la puerta para que no lo descubriera.

– Bueno…, ya se ha hablado demasiado… Aunque esta decisión solo me compete a mí, la someteré a votación –dijo Marcel con el tono de quien considera que todo está ganado– .¿Quién crea que es demasiado pronto para desmantelar el negocio que levante la mano?

Solo votaron dos en contra; Domingo y, para sorpresa de todos, también Andrés.

- ¡Entonces no hay nada más que hablar...! – exclamó incómodo, mirando a Andrés–. A todos nos repugna esto, yo intentaré que dure lo menos posible, pero no me pongáis las cosas difíciles.

Pero Domingo no se resignó.

- Al menos hagamos algo...

- ¿A qué te refieres? –le preguntó Marcel, un tanto molesto por la *cabezonería* de aquel hombre que no daba su brazo a torcer.

- Una acción... Una gran acción que nos dignifique, que nos ilusione, que atraiga gente a la causa, que todo el mundo vea que existimos y estamos aquí–decía con voz atormentada de perdedor. Marcel lanzó una mirada llena de ira a Andrés–. Para eso nos servirá este indigno negocio.

- ¿En qué estás pensando? –insistió Marcel con tono de preocupación.

–	Un golpe de mano a lo grande… Un atentado a un alto gerifalte…, un secuestro… Algo así.

–	No tenemos infraestructuras para eso… –le replicó Marcel exhausto–. Se nos vendría todo abajo…, pondríamos en peligro lo que tenemos…

–	Corramos ese riesgo… –tartamudeaba de rabia Domingo–. No somos unos burgueses apoltronados… No importa si nos lo jugamos todo a una carta.

El resto de los componentes del grupo los miraban. En aquellos rostros se podía apreciar que deseaban entrar en acción. Estaban hartos de estar escondidos y deseaban salir a la luz. No creían que sus ideas debieran seguir ocultas. Marcel se dio cuenta de que, aunque la mayoría no quería desmantelar el negocio que los cobijaba en aquellos tiempos inciertos, tampoco se conformaban con estar cruzados de brazos; por eso quiso buscar una fórmula de compromiso.

–	Vale… –accedió tras un prolongado silencio–. Domingo, tú te encargarás de ello. Elige un objetivo y prepara un plan; cuando lo tengas, volvemos a hablar. Estoy de acuerdo contigo, debemos actuar…, pero sin correr riesgos innecesarios. Necesitamos tiempo, y, sobre todo, debemos saber que estamos en una plataforma privilegiada; no desperdiciemos lo que tenemos.

En la oficina aún resonaban los ecos de la acalorada conversación que días atrás mantuvieron Domingo y Marcel, cuando este salió del despacho. Acababa de recibir una llamada telefónica del ayudante del gobernador para que organizaran un evento para el doce de octubre, *el Día de la Raza*. Les pidió a Andrés y López que se encargaran de los preparativos. En cuanto se fue Marcel, Andrés llamó a su compañero Domingo a la taberna donde solía parar. No tardó en sonar el teléfono de Marcel. Domingo le exigía una fecha no muy lejana para realizar la acción de la que hablaron. Entonces Marcel le recordó que encontrara un objetivo concreto y realizara los preparativos para la acción. Domingo ya lo había encontrado: secuestrar al gobernador *El día de la Raza.* Marcel le pidió que esperase un poco, ya que este quería que le organizase un acto ese mismo día.

— Perfecto. Aprovecharemos el acto para realizar la acción –concluyo Domingo satisfecho.

Aunque Marcel utilizó todo tipo de argumento para convencerlo, no lo logró y, al final, no tuvo más

remedio que acceder a la petición; pero pensó que
tendría tiempo para que desistiera.

CAPÍTULO XIII

Convirtió el Ave del Paraíso en su lugar favorito. Allí, en Barcelona, en aquellos días en que el verano iba llegando a su fin, no encontraba lugar más idóneo para pasar aquellas solitarias noches que tanto le daban que pensar. Había venido buscando a Antonio para resolver lo ocurrido en La Línea, pero la situación le estaba superando. Su cabeza hervía, recibía más información de la que necesitaba. No quería ni pensar qué sucedería si sus superiores se enterasen de que no le enviaba todos los datos que manejaba. Puede que   los acontecimientos que se le venían encima   tuviesen mucha mayor trascendencia que su caso, pero él no tenía ninguna duda de que lo que más le importaba era lo ocurrido en La Línea.

Nada más entrar vio a Malena junto a una mesa, con las piernas cruzadas y fumando un cigarrillo. López se quedó observándola. Ella lo miró, pero él dio un giro brusco y se marchó a buscar a Lilí. Encendió un cigarro y pidió una botella de champán, después la cogió del brazo y se la llevó hacia los sillones que estaban junto a la pared. El camarero limpió la mesa, dejó una botella y dos copas.

- ¿No te importa que tu amiga se enfade contigo? –le preguntó esbozando una sonrisa maligna.

- No tengo amigas –respondió con una mueca sumisa y resignada–. Y aquí nadie se enoja por nada... Pero no sabía yo que tuvieras algún negocio con ella.

- No, lo tendría contigo si tú quisieras... –sonrió levantando la copa de champán.

- Para eso estamos aquí... –concluyó Lilí poniendo ojillos burlones.

López sacó tabaco y le ofreció, encendió un fósforo y le dio fuego, después dejó el paquete encima de la mesa.

- ¿Te apetecería salir conmigo mañana a dar un paseo? –al preguntarle se dio cuenta de que lo que más deseaba de una meretriz era hacer cosas normales.

- No, eso no puede ser. Ya paseé hace poco con alguien y no me fue nada bien... –se frotaba Lilí los brazos con fuerza mientras lo decía.

- Tengo entendido que esos paseos fueron muy cortos... Un pajarito me contó que nunca salisteis de este local...

- Tiene razón... –se acomodó el cabello con los dedos–, pero, a veces, los viajes más hermosos son los que haces con la imaginación...

- Por supuesto...¿Aún no lo has olvidado?

- Sí –sin dejar de mirar a López clavaba las uñas en las palmas de la mano–. Lo hice en el mismo momento que usted me dijo que no volvería... Justo entonces comprendí que no cumpliría la promesa de llevarme a Escocia, ya no me acuerdo de esos sueños. Ahora sé que nunca podré hacerlos realidad, que mi destino es este y tendré que apechugar con él...

— Yo te ofrecí algo y no has querido...–dijo con voz firme.

— No puedo hacerme ilusiones. No deseo construir castillos en el aire..., que son como fallas valencianas: todo fuego por la noche y cenizas de mañana.

— Supongo que tienes razón...

— Solo me queda soñar... –se mordía las uñas–, la realidad es tan dura que si no lo hiciese sería terrible.

— ¿Ella sueña con Antonio?

— Creo que ya no, que le pasa como a mí, que sabe que nunca volverá...¿No moriría con mi inglés? – preguntó llevándose los dedos a los labios húmedos–. ¿Por qué no le dice usted que murió?

López chasqueó los dedos llamando al camarero para que trajera otra botella de champán.

— No me gusta mentir –respondió López con voz tranquila.

- Tal vez eso sea lo más real... –dijo Lilí mordiéndose los labios.

- No voy a engañar a nadie. Ahora soy un simple oficinista que dejó su antiguo trabajo y quiero olvidar todo lo que algunas veces desordenaba mi conciencia.

- ¿Y cree usted que se puede dejar de ser lo que uno fue? –preguntó la muchacha con amargura.

- Sí.

Entonces apareció el comisario de policía con el que López había despachado al llegar a Barcelona.

- Ese es un antiguo compañero, no sabe que lo dejé. Vamos a tu cuarto, no quiero que me vea.

Cogió a Lilí por el brazo y, aunque trató de disimularlo, se ocultó tras ella. Caminaron hacia la habitación para hacer el amor de forma mecánica.

López entró en la oficina y escuchó voces procedentes del despacho del jefe. Andrés le dijo que era Marcel recriminando a Antonio. Este había arriesgado infraestructura de la organización en su intento de salvar a los presos en Valencia; para nada, ya que todo salió mal y fueron descubiertos en el barco.

Llegó el final de la jornada y Antonio aún no había salido. López miraba el reloj impaciente, deseaba verlo, pero aquel día no tenía intención de regalar ni un segundo a su empresa, o puede que   tuviera prisa en partir hacia el Ave del Paraíso. Andrés esperó un ratito más.

Nada más llegar, López corrió al encuentro de Malena. Le dijo que quería gastarse con ella todo el dinero que llevaba encima.

–   ¿No quieres irte con Lilí...?

–   ¿Estás celosa?

–   Ni siquiera sé qué es eso –dijo Malena mientras encendía un cigarro, dejando después la cerilla en el cenicero.

López la invitó. Buscaron una mesa en el rincón y le pidió al camarero que trajese unas copas. La encontró un poco más cordial que días atrás, por eso se atrevió a pedirle lo que otrora le negara.

–   ¿Quieres que demos un paseo mañana?

–   Sabes que no puedo –lo miró con ojos fijos y fruciendo el entrecejo– . Si me has invitado para ello..., puedes irte ahora mismo con otra...

La miró pensativo, pero sin decir nada. No insistió, siguieron bebiendo. El sitio donde se encontraban se elevaba sobre el resto de la sala por un par de escalones, con una balaustrada. Desde allí podían observar a los clientes: policías, falangistas, soldados, arribistas, tenderos, comerciantes, miembros de la Junta de Abastos y funcionarios, entre otros. Cuando llegó un hombre alto, delgado y con bigote, de pelo corto, pantalones grises y camisa blanca, López se percató de que a Malena se le iluminaron los ojos y se estremeció.

– ¿Lo conoces? –le preguntó mirándola fijamente.

– No lo sé, pasa tanta gente por aquí –dijo intentando que no se diera cuenta de que todo su cuerpo estaba temblando.

– ¿Es Antonio?

Malena ni siquiera le respondió, pero López encontró fácil respuesta en una cara que con la mirada seguía a   aquel hombre mientras este se acercaba a la barra y pedía una copa. Al poco rato entró Andrés y se acercó a él. La sala no estaba muy iluminada, por lo que no pudieron ver a López, quien le dijo a ella que iba al baño. Al regresar, pasó cerca de sus compañeros .

– Simón. ¿Qué haces tú por aquí ? –le preguntó Andrés al verlo pasar– . Ven un momento, te voy a presentar a un colega... Este es nuestro nuevo fichaje –le dijo a Antonio–, va a ser tan bueno como tú.

- Encantado –respondió López estrechando su mano, Antonio respondió con el mismo gesto–. Me voy a sentar; he dejado sola a una señorita y es de mala educación. Ya hablaremos mañana.

- Claro – dijo Andrés– . Eso es lo primero

Los dos se quedaron mirándolo mientras regresaba con Malena.

López encendió un cigarro, ella se lo quitó de las manos y empezó a fumar. No dejaba de mirar hacia Antonio. Este también la observaba.

- Tengo que ir al baño – dijo Malena.

- Espera. Iré contigo.

- ¿Al baño?

- No... Subiremos a la habitación –dijo con rabia, apretando la colilla con el índice y el pulgar.

De repente los ojos de Malena se humedecieron. Le entraron ganas de decirle que no, pero allí, en aquel lugar, en la casa del deseo, no existía esa respuesta .

- ¿Qué le piensas hacer?

- Nada. –respondió López levantándose de la mesa y alargando la mano invitándola a que le acompañara–. Si tú colaboras no le haré nada, pero te recuerdo que tienes un hijo.

- No lo he olvidado ¿Puedo saludarlo?

- ¿Tanto interés tienes?

- Ninguno. Ya sabes que no me interesa nadie.

Malena apagó el cigarro, bebió un último trago y se levantó cogiendo la mano extendida de López; juntos se encaminaron hacia la puerta de salida. Según iban pasando, ella miraba a Antonio, él tampoco le apartó la mirada, pero ninguno se atrevió a dar un paso que le acercara al otro. Malena y López caminaron hacia la habitación donde harían el amor. Ángela se sintió más profesional que nunca. Algo que notó López, pero no dijo nada. Cuando terminaron, bajaron juntos. López deseaba que Andrés y Antonio continuaran allí, pero ya se habían ido.

- No lo olvides, tienes un hijo –insistió López cuando se marchó.

No le sentó nada bien a López que Marcel lo enviara, justo a la hora de cerrar, a realizar un encargo. Estaba deseando ir corriendo al Ave del Paraíso. En aquella ocasión fue Antonio el primero en llegar. Se acercó a la barra y, con la mirada, dio un repaso a todo el local. Era temprano y Malena no tenía compañía. En cuanto lo vio se acercó para que le invitase a una copa; juntos se marcharon a sentarse en la zona donde se encontraban los sillones de terciopelo.

- ¡Cuánto tiempo sin verte! –dijo ella con ojos divertidos y burlones.

- ¿Aún me recuerdas? –respondió Antonio mientras encendía un cigarro.

- Claro..., te he echado de menos...

- Bueno... Mi sustituto en la oficina parece tener los mismos gustos que yo... –dijo Antonio con voz ácida –. ¿Qué sabes de él?

- Nada., aquí no sabemos nada de nadie... –silabeó sin levantar la voz–, y cada vez menos... Viene tanta gente..., hay tantas historias que contar..., pero no las escribiremos nosotras... Solo vemos la vida pasar... y cuando queremos retener un instante, un momento que nos guste..., nos damos cuenta de que no debimos –movía la cabeza con lentitud, después se pasó la mano por un mechón del pelo–. Mira lo que le ocurrió a Lilí... Yo también tuve una ilusión..., ¿para qué?, no vale la pena.

- ¿Quién os contó lo del inglés? –interrumpió Antonio, que dio dos chupadas rápidas al cigarro y lo apagó en el cenicero de cristal.

- ¡Qué importa! –dijo ella con voz neutra.

Antonio meneó la cabeza incrédulo.

- Solo lo sabía yo...

- ¡Qué va! Lo sabe todo el mundo – dijo ella con voz quebrada–. Viene tanta gente por aquí.

- ¿Quieres que demos mañana un paseo? –quiso Antonio cambiar de conversación.

- Me gustaría mucho, pero no debo –respondió ella acomodándose el mechón del pelo detrás de la oreja–. Desde el día que salí contigo me di cuenta de que no debo hacer esas cosas; no quiero ilusionarme con una vida que no tendré.

- ¿Saliste con mi sustituto? –preguntó envuelto en el humo del cigarro.

- Un día... –respondió encogiéndose de hombros–. Lo suficiente para comprender que solo podía pasear con una persona... –se detuvo un momento para beber–, contigo; pero después me he dado cuenta que tampoco eso es posible, que no tardarás en marcharte y no quiero que nadie me parta el alma.

Antonio tragó saliva. Creyó que aquella mujer lo estaba poniendo en una tesitura, que le estaba planteando un gran dilema. Él sabía que no le quedaba mucho tiempo allí, que no podía echar raíces en ningún lugar, que muy pronto debía partir a Francia con los suyos.

- La vida son pequeños momentos... –proclamó Antonio con visible incomodidad–. Eso es lo único que puedo ofrecerte..., ya quisiera yo... –dijo esforzándose para que no le saliera una lágrima, pero los hombres nunca deben llorar.

Malena alzó la vista hacia al techo, suspiró y después volvió a mirarlo.

- Lo sé. Hubo un tiempo en que pensé que... –y tuvo que retenerse un momento porque no pudo evitar una lágrima–. La vida es una ilusión. ¿Cuándo partirás? –le preguntó Malena con voz entrecortada.

– Pronto –le respondió con sinceridad exacerbada.

Estuvieron más rato hablando, pero los dos sabían que lo suyo solo era una fantasía que no podía durar. A partir de ese momento ella seguiría estando a gusto a su lado, pero sin la magia que tuvo tiempo atrás y que le llevó a albergar la esperanza de que algún día un hombre llegaría para llevársela de aquel lugar.

CAPÍTULO XIV

Después de realizar inventario en el almacén, Antonio regresó a la oficina; pero se quedó en la puerta cuando, a través del cristal, pudo ver a Marcel con un grupo de personas desconocidas. Le llamó la atención el hombre que llevaba la voz cantante. Era de pequeña estatura, llevaba gorra marinera, una camisa a cuadros y pantalones de pana. Por sus vestimentas le dio la impresión de que no vivían en la ciudad. El hombrecito hablaba con aplomo y todos le escuchaban, el que más atención prestaba era Marcel.

- ¡Cago en la puta, Marcel! ¿Para qué nos has hecho venir si no tienes la mercancía?

- No tardará mucho. Aún tengo problemas para consolidar el negocio, pero no tardará – respondía Marcel–. Estoy haciendo todo lo que puedo, todos mis esfuerzos van encaminados hacia vosotros. No debes reprocharme nada, yo no tengo la culpa de que aquí las cosas vayan despacio.

- Demasiado despacio –le cortó el hombre pequeño con voz de gigante.

- Lo sé, lo sé. No es tan fácil, pero en breve lo conseguiré.

- Acordamos que hoy las tendrías.

- No me resulta tan fácil como puede pareceros.

- ¿Dónde nos vamos a quedar? Sabes el trabajo que nos ha costado llegar hasta aquí, el peligro que corremos... y todo para nada.

De repente se callaron. La puerta desde la que escuchaba Antonio se abrió y notó el cañón frío de una escopeta sobre su nuca. El hombre que la llevaba le pidió que entrara.

- ¿Quién es este? –dijo Gerardo, el de la gorra marinera.

- Es Antonio –respondió rápido Marcel–. Es la persona de la que te hablé. Quiero que os acompañe a las montañas. Ha estado con los *partisanos* en Francia, y es el mejor estratega que tengo.

- No parece muy espabilado –insistió Gerardo, y sus camaradas le rieron la gracia.

Antonio se sorprendió. Marcel lo había tenido entretenido sin contarle cuál era su verdadero propósito, todo había sido un pasatiempo para que no le entrasen ganas de volver a Francia con sus compañeros. Por otro lado, la misión que ahora le estaba anunciando le parecía una tarea tan interesante, o más, que la idea de cruzar los Pirineos con unas tropas para liberar el país. Los hombres miraron a Antonio y no parecieron muy convencidos de que fuese la persona que necesitaban.

- ¿Por qué no me dijiste que era esto? –le preguntó Antonio fingiendo tono de enfado.

Marcel no le respondió, lo agarró del brazo y le conminó a que le acompañara a su despacho. Cerró la puerta y le habló.

- Estás a mis órdenes y te pediré lo que crea conveniente.

- ¿De dónde sacas que estoy bajo tu mando? Yo soy un *partisano* de la guerrilla española en Francia. ¿Sabe mi superior lo que pretendes?

- Claro que lo sabe, y tú deberías tener claro que, mientras estés en España, me debes obedecer a mí. ¿No te dijeron eso en Francia? Te recuerdo que soy el máximo responsable en toda esta zona y puede que..., si salen bien los proyectos que tengo entre manos, mi fuerza se acreciente.

- ¡Ojalá todo salga bien....!, pero debes entender que lo que me estás pidiendo va a suponer un cambio radical para mí... Para esto tendrían que haberte dado una orden especial

- Aquí todo es normal; nada es más importante que otra cosa..., y, sobre todo, no podemos negarnos a nada de lo que se nos pida.

Antonio se quedó dubitativo. No pensaba que pudiera recibir de aquella forma una noticia que le cambiaría la vida, pero, por otro lado, comprendió que eran tiempos de urgencias en los que no había lugar para la sorpresa

– Por eso... –prosiguió Marcel–, en cuanto lleguen las armas..., partirás con ellos hacía las montañas.

Aunque le parecía raro todo lo que estaba escuchando, Antonio pensó que lo mejor para él sería hacer caso a Marcel. Estaba de acuerdo en que existiese aquella colaboración entre las fuerzas del otro lado de los Pirineos y los españoles que no se resignaban a perecer bajo las botas fascistas. Antonio pensaba que lo más importante de su trabajo en Francia era la posibilidad de continuar la lucha en España; ahora tenía la oportunidad de hacerlo, sin esperar a la victoria de los aliados.

Aquellos hombres, a los que iba a ayudar, querían partir hacia las montañas para iniciar una guerra de guerrillas. Decían que había muchos republicanos que no pudieron huir a Francia, o a otros lugares, que se escondieron en la sierra. Los que vinieron a Barcelona a por armas querían organizarlos. Tal vez fuese demasiado pronto, puede que se necesitara más tiempo; pero ellos habían considerado que, si no empezaban a actuar, los que poblaban los bosques, sierras y montañas, tomarían un camino distinto. Antonio creía que ellos solos no podrían; que tendrían que vencer a los nazis para que luego todas las potencias europeas vinieran a ayudar a los españoles, pero no era eso lo que pensaban aquellos hombres.

- Se quedarán en tu cuarto –dijo Marcel.

- Pero si apenas quepo yo –respondió incrédulo por lo pequeña que era la habitación que en su día fuese del guarda, y en la que ahora dormía Antonio.

- No te preocupes, vienen de la sierra, están acostumbrado a dormir en cualquier sitio. El que se acueste debajo de la cama le parecerá que lo hace bajo un dosel.

- Con lo grande que es el almacén.

- No quiero correr el riesgo de que alguien los vea por ahí –dijo de mala gana Marcel, harto de tantas explicaciones innecesarias.

  Antonio quería saber más.

- Armarlos nos va a costar mucho dinero ¿Tan importante son? –le preguntó.

- Si caemos nosotros..., será lo único que quede.

- Y si los atrapan a ellos.

‒ Entonces...

‒ ¿No quedará nada? ‒ se adelantó Antonio

Marcel se llevó la mano a la barbilla y se la frotó. Hizo una mueca con los labios y concluyó.

‒ Nada... Y nosotros..., nosotros solo servimos para ayudarles a ellos...

Antonio bajó la cabeza resignado y regresaron a la oficina con los guerrilleros. Marcel los convenció para que se quedaran los pocos días que tardarían las armas en llegar. Bajaron hacia la habitación de Antonio.

Los del monte se fueron colocando en el suelo del pequeño cuarto. Unos se sentaron, apoyando el cuerpo sobre las rodillas que rodeaban con sus brazos. Varios se acurrucaron en la cama y otros tantos debajo de ella. El cuarto era muy pequeño, pero aquellos hombres lo hicieron grande.

Al acostarse Antonio, uno de los que estaba junto a la pared vio que todavía quedaba un hueco y se colocó a su lado, otro que estaba en el suelo con las piernas arrugadas las extendió.

Antonio pidió al que se había encaramado junto a él que le hablara de su vida en la sierra, no tardó en relatar mil y un acontecimiento. Le contó todas las peripecias que tuvo que pasar tratando de localizar a los perdedores que querían continuar la lucha. Ahora estaban por la zona de Teruel. Según él, a medida que iban siendo conocidos, muchos voluntarios se les unían. En cuanto tuvieran medios, iniciarían la reconquista. Cuando se quedó dormido, Antonio intentó hacer lo mismo.

No durmió mucho, le despertaron unos murmullos, eran los del monte. El reloj marcaba las cinco de la mañana, un poco pronto para Antonio; pero ellos parecían llevar ya bastante tiempo despierto. Quiso hacerles un buen regalo y se dispuso a preparar un puchero de café café, nada de achicoria. Al instante su aroma impregno la habitación. Antonio se quedó contemplando aquellos rostros que acababan de llenarse de alegría. Cada uno cogió una taza y fueron pasando al lado de él para que les sirviera. Embebidos de felicidad, algunos querían salir a la calle, pero su jefe les indicó que no podían dejarse ver, era muy peligroso. Hubo quien se puso nervioso, se sentía en prisión, encarcelado; pero al poco rato lo asumió con resignación. Observaba sus rostros quemados por el sol, sus manos ajadas. Contemplando aquellas caras pensó que debía irse con ellos, aunque le costaba dejar atrás a los amigos que se encontraban al norte de los Pirineos; pero comprendió que el destino siempre te empuja hacia adelante, aunque con la nostalgia del pasado. Había llegado la hora que tanto esperaban, no desfallecerían, buscarían la forma de darle la vuelta a la historia. Se ilusionó imaginando que, gracias a Marcel, podrían conseguir mucho material. Por ello consideró que lo más importante sería que este continuara en su puesto y no sucumbiera ante los anhelos de Domingo.

Antonio les ofreció repetir, todos aceptaron. Saborearon a placer esta segunda taza, parecía que llevaran tiempo sin tomar nada semejante. Agradecieron el gesto permaneciendo en silencio en la habitación.

Era muy temprano cuando Marcel salió de su despacho muy contento y gritando a Antonio.

– ¡El jueves nos traen las armas!

En ese momento entró Andrés y se dispuso a colgar su chaqueta en el perchero

– ¿Qué armas? –preguntó sorprendido.

– ¿Pero tú no tenías que ir hoy a La Seu? –le respondió Marcel con una pregunta.

– Fue López. ¿De qué hablabais?

– Armas que vamos a entregar a los guerrilleros – dijo Marcel–. Un grupo que va iniciar de nuevo la pelea en el monte.

– ¿Y por qué no me habías dicho nada? –preguntó Andrés contrariado.

– Por precaución. Tampoco se lo había contado a Antonio..., lo descubrió por casualidad.

– Más de una vez me has hablado del precio prohibitivo de las armas. ¿Quién las pagará? –preguntó Andrés temiéndose la respuesta. Se sentó en su mesa y empezó a sacar papeles de los cajones de su escritorio.

– Nosotros. Es para una buena causa.

– Seguro que sí. ¿Y *el Día de la Raza*?

– Ya nos apañaremos...En cuanto resolvamos este asunto, nos dedicaremos a ello en cuerpo y alma.

Marcel regresó a su trabajo y los demás continuaron con el suyo. Antonio no quiso decir nada, que se lo contara Marcel. Enseguida este le dio una voz para que fuese a su despacho, Andrés frunció el ceño.

– No solo llevarás el camión con las armas –le dijo Marcel a Antonio con voz muy suave, casi inaudible–, tú serás nuestro enlace. Me tendrás bien informado..., y también irás algunas veces a Francia. Tu misión es muy, pero que muy importante.

–	Hay que contárselo todo a Andrés...–respondió Antonio, también con voz muy baja.

–	Elige tú quién quieres que te acompañe para traerse el camión cuando te quedes en la sierra.

–	Andrés. ¿Le digo que pase?

Le hizo un gesto de asentimiento. De inmediato se levantó y fue a llamarlo. Este, de forma cadenciosa y encendiendo un cigarro, pasó al despacho de Marcel.

–	Tendrás que traer el camión desde Teruel

–	¿Y Antonio? – preguntó Andrés muy extrañado.

–	También irá, pero solo regresarás tú.

Andrés movía una y otra vez la cabeza, aceptaba todo lo que Marcel le decía, pero algo le tenía muy preocupado.

–	Esas armas costarán mucho dinero... –dijo Andrés.

Antonio tembló por el atrevimiento; pero Marcel no.

- El dinero que no se han llevado los políticos fascistas lo he guardado para esto.... Volveremos a ganar más, para otros menesteres –le respondió con frialdad, seguro de que obraba de manera correcta.

- Entonces..., el golpe del *Día de la Raza*... ¿Era todo una pantomima para calmar a Domingo...?

- Tendrá que esperar un poco... –repuso Marcel, y la cara de Andrés se tornó en decepción–. Ahora lo que nos importa es esta misión, después nos ocuparemos de lo demás.

- ¿Después? ¿Cuándo? Ellos se llevarán todo nuestro dinero, nunca podremos realizar una acción... Puede que nunca lleguemos a ser más que los cuatro pelagatos que somos.

- No es nuestro dinero –silabeó Marcel–, es de la causa y ellos son lo único que nos queda ¡No hay otra cosa...! Nosotros, los de la ciudad, no tenemos fuerza para hacer nada... ¡Parece mentira que no lo entendáis! –gritó Marcel enfadado, sin saber bien si lo estaba con Andrés o consigo mismo.

– Eso que estás diciendo no puede ser, no puede ser –repetía desesperado Andrés–. Si fuese cierto, esto sería una puta mierda.

– Tenemos que poner todas nuestras esperanzas en esos guerrilleros... Cuando ellos empiecen a ser conocidos, mucha gente se unirá a nosotros..., también en las ciudades...

– En el monte no podrán hacer más que nosotros aquí –cortó de repente Andrés, que parecía no tener tanta fe como Marcel–. No debemos restar fuerzas e iniciativas a nuestra lucha, para algo que no tiene futuro...

– Sea como sea...., la dirección ha confiado en ellos... Espero que no nos equivoquemos... Volved a vuestro trabajo..., ya sabéis cada uno lo que tenéis que hacer –concluyó Marcel dando un golpe sobre la mesa.

No era Andrés muy dado a los dispendios, pero aquel día quiso hacer una excepción. En el descanso para el bocadillo invitó a Antonio a la taberna mugrienta y estrecha, cerca del almacén.

Una jovencita, de pelo castaño y ojos azules, despachaba en una barra de madera con más muesca que la pistola de un caza recompensas. Nada más llegar, Antonio se dio cuenta de que Andrés miraba con ojitos a la camarera.

Andrés abrió el periódico y le leyó una noticia a su colega: El día anterior se había producido un doble asesinato en una pollería de Barcelona, donde dos socios discutieron sobre el negocio. El matarife, José Rexach, pidió una mayor participación a su socio capitalista y, al parecer, este se negó. Rexach no se quedó muy satisfecho y amenazó con matarlo. Forcejearon y en la pelea se interpuso el mozo de la tienda, José, que al momento recibió un corte en la yugular y Miguel Ros, el socio capitalista, no tuvo mejor suerte, pues el matarife le incrustó el cuchillo en el pecho. Al ver el horror que había causado, José Frigoles se atravesó el corazón con el arma, muriendo en el acto.

Antonio se llevó la mano a la barbilla y se la acarició

—   Vaya, cómo se las gastan por aquí. En cuanto pueda me marcho hacia el monte. Me parece que es donde más seguro voy a estar.

Andrés estaba interesado en el futuro de Antonio, le preocupaba su marcha. Creía que Marcel estaba equivocado, que la única lucha posible era en la urbe; si fracasaban en Barcelona todo se vendría abajo y deberían terminar con aquella ilusión de reconquistar un pasado que no se resignaban a perder. Le rogó que se quedase para fortalecer la organización en Barcelona, pero Antonio se negó, no quería desobedecer a su superior y, por otro lado, le apetecía explorar las posibilidades de la lucha en el monte.

– Buenos días –les regaló aquella muchachita con una sonrisa nada forzada –¿Qué desean los señores?

– Puedes tutearnos –respondió Andrés adelantándose a Antonio–, tendremos más o menos la misma edad que tú

– Él sí, pero usted creo que no.

No era tonta la moza y muy sincera. A Andrés se le quedó la cara colorada como un tomate. Sin darse cuenta se agarraba una mano con la otra. Balbuceó.

– Pues nosotros somos, más o menos, de la misma edad –le mintió.

Una mentira y de las gordas. Andrés sería más de diez años mayor que Antonio. Y este le llevaría unos cuantos a aquella muchacha.

– Nos pones dos cafés y dos tostadas con tomate –
dijo Antonio intentando terminar aquella disputa
que parecía no ir por buen camino.

Tenían café, pan blanco, tomate. Allí había de
todo, gracias a la empresa de Marcel que se lo
suministraba, y la muchacha lo sabía. Por ello, algunos
días cuando almorzaban conseguían que aquellas
patatas con carne, que para la mayoría de los clientes era
un caldo oscuro sin ninguna sustancia, para ellos fuesen
patatas con carne. Andrés estaba preocupado por la
partida de Antonio, pero lo que más le inquietaba era
que el dinero que tenía que utilizarse para la ciudad se
fuese hacia el monte.

– ¿Te irás con gente que no conoces?

– Sí que los conozco, la mayoría están en mi cuarto
encerrados.

Le sorprendió la respuesta de Antonio, se quedó
pensativo. Sacó un cigarro y, mirando hacia la moza, le
ofreció a su compañero.

– ¿Es que están aquí? No me habíais dicho nada.

Antonio arrugó el hocico.

– No saldría la conversación. Sabes que no tengo
ningún secreto para ti.

Antonio se percató de que había hablado más de la cuenta y se calló, pero Andrés seguía teniendo dudas.

– ¿Crees que podréis hacer algo en la montaña? –le preguntó resignado.

– No se..., yo haré lo que me manden... –tragó saliva y después dio un mordisco al pan con tomate.

– No puede ser. Tenemos que utilizar todas nuestras fuerzas y nuestras iniciativas aquí, es el único sitio donde podríamos conseguir algo. Tengo la impresión de que Marcel conoce más células, que hay más gente.

– Creo que sabe bien lo que tiene que hacer...

– En ti confía más que en mí. Debes convencerlo, debemos organizarnos en la ciudad, debemos sacar adelante esa acción que nos hará crecer. Sin el apoyo de la gente de las ciudades no conseguiremos nada...

– No creo que sobre nadie en ningún lugar

– No quiero que te vayas y me dejes aquí solo, tú y yo podríamos hacer muchas cosas. No quiero que todo el dinero se lo lleven ellos

– Este negocio da para mucho. Pronto llevaréis a cabo ese golpe tan importante que reclamáis.

– Que va. Se lo llevan casi todo los prebostes del régimen, para nosotros el trabajo

– Yo ya he decidido.

– Creo que haces mal, pero no insistiré. Me caíste bien desde el principio, me gusta trabajar contigo. Se puede hablar sin ningún miedo, sin ningún temor... Algo tan raro en los tiempos que corren.

– ¿Y López?

– Ese es otra historia.

– ¿Por qué?

– No lo sé, pero no me parece trigo limpio.

Andrés pidió una botella de vino, los dos bebieron de ella. Ya no insistió más para que se quedara. Le pareció que había quemado todas sus naves. Todo estaba decidido, nadie iba mover un ápice su posición.

– En prueba de que no te guardo rencor te invito cualquier noche al lugar que más te apetezca– le dijo Andrés apurando el último trago de la botella y con una voz gangosa que no dejaba dudas de que había bebido más de la cuenta.

– Estás borracho. No hagas promesas que no puedas cumplir.

– Donde quieras ir –se esforzó para decirlo, silabeaba–. No repares en gastos.

– Vale. ¿Qué te parece si vamos juntos un día al Ave del Paraíso...? –dijo Antonio.

– Estupendo ¿Te gusta alguna puta de allí? –preguntó sonriendo Andrés.

– ¡Qué va! Solo que cuando me vaya, echaré de menos ese lugar.

CAPÍTULO XV

López bebía en el Ave del Paraíso. Pensaba que muy pronto abandonaría Barcelona, que su estancia allí tocaba a su fin. Quiso realizar un último intento e invitó a Ángela, que aceptó sin dudar un momento.

Se sentaron y le ofreció un cigarro. Asintió con un gesto de la cabeza, él lo encendió y después se lo entregó.

– Pronto me marcharé... –le dijo para romper el hielo de forma brusca. Malena tragó saliva.

– ¿Qué será de Antonio? –preguntó muerta de miedo, aunque tratando de aparentar indiferencia; pero sin éxito.

– Me lo llevaré a Madrid, allí decidirán –dijo mientras sacaba un pañuelo del bolsillo–; aunque no creo que pueda librarlo del garrote vil.

Ella no pudo soportarlo, se llevó la mano a los ojos y los apretó con fuerza tapándose toda la cara.

– ¿Se podría evitar? –preguntó mostrando una sonrisa forzada.

– Solo tú podrías hacerlo –López extendió el pañuelo y se secó la frente.

– ¿Previniéndolo?

– No. Te importa demasiado tu hijo.

– ¿Entonces?

– Viniendo conmigo a Madrid.

Le partió el alma. Se arrepintió de haber preguntado por Antonio. Pensó que mucho mejor hubiese sido no plantear aquella posibilidad que se iba envenenando cada vez más.

– ¿Quieres que te siga sin sentir nada por ti? –le interpeló con voz baja.

– No me importa –se apresuró a responder–. No soy mala persona, solo que me ha tocado el papel más difícil; pero, cuando pase el tiempo, lo comprenderás todo. Yo solo cumplo con mi deber, con mi trabajo. Dejarías este lugar, tu hijo tendría un padre, tú una vida más fácil... Con los tiempos que corren, no es moco de pavo.

– ¿Y el amor? ¿Crees que porque estoy aquí no debo pensar en ello?

– Claro que sí... –se paró un momento para sopesar lo que pretendía decir–, pero estoy convencido de que no tardarás en estimarme.

– ¿Me quieres por mí o por Antonio?

López meneó la cabeza y luego respondió convencido.

– Debo confesarte que si me interesé por ti fue debido a la gran obsesión que tengo hacia él. Mi cabeza es un auténtico rompecabezas, llevo tiempo intentando ordenar toda la información que bulle dentro de mí, pero solo él podrá hacerlo. El tiempo se está agotando..., pronto terminará todo. Sí, por él vine a ti, pero enseguida sentí algo. No sabía qué era... Si me pidieras que te lo explicara, no sabría cómo hacerlo. Hasta yo mismo me pregunto qué es, y muchas veces me digo que no puedo caer en esas trampas de adolescente..., pero siento algo extraño a tu lado; lo supe el día que dimos el paseo. Desde entonces solo pienso en cómo podré conseguir que quieras estar a mi lado... –Malena lo escuchaba con mucha atención, y no sabía si alegrarse por lo que le decía o ponerse a llorar–. Aquel día no había más mundo que tú, todo lo que veíamos era solo atrezo, imágenes difuminadas. Todo lo que pasaba a mi lado, hasta las desgracias más grandes, desaparecían y solo estabas tú...

- Yo estoy enamorada de Antonio –dijo Malena queriendo cortar por lo sano.

- No es cierto –replicó López después de echar un trago–. Así te puede parecer, pero no es cierto. Eres muy joven todavía para saber qué es el verdadero amor. Solo piensas de esa forma porque es un imposible, porque sabes que nunca podrás estar a su lado...

Malena ya no sabía qué decirle. Se cruzó de brazos e hizo una mueca.

– No tienes por qué darme hoy la respuesta…, puedo esperar unos días –dijo López al verla tan abrumada.

– No voy a cambiar de opinión…

– Volveré mañana. El tiempo se acaba… Si lo amas, como dices, podrías hacerle un gran favor: salvarle la vida…

Aquellas palabras desordenaron su conciencia. Estaba convencida de obrar de la forma más correcta, pero al final empezó a tener dudas.

– Vale, mañana te respondo… ¿Si te prometo que intentaré darte lo que me pides, lo dejarás marchar?

Sonrió López por la ingenuidad de su propuesta, pero después le respondió contundente.

– Solo si me lo das.

Bebieron, terminaron todo el champán y se marchó.

Cuando llegó Domingo, estaban todos en la oficina: López, Andrés, Antonio y Marcel.

– Quiero hablar contigo. ¡No puedo consentirlo! –le gritó encolerizado a Marcel.

– Pasa para dentro.

Los dos entraron al despacho, detrás se fueron Andrés y Antonio. López se quedó en su mesa, pero nadie cerró la puerta.

– Eso es una traición –dijo Domingo–. ¡No te lo vamos a permitir!

– Soy el jefe de esta célula. Además, cumplo las directrices de la superioridad –frunció el ceño y se puso muy serio–. Nadie puede poner en tela de juicio mis decisiones.

– Lo he hablado con Andrés y con el resto de los compañeros que en su día votaron a tu favor; al fin se han dado cuenta de que te has pasado de la raya...

Marcel miró a Andrés y este le sostuvo la mirada, luego a Antonio, que se encogió de hombros dando a entender que no tenía idea de lo que estaba ocurriendo.

– Creo que no lo sabes... –dijo Marcel muy enfadado–, pero esto es una organización, aquí rige la cadena de mando. ¿Acaso pretendes que nos vuelva a ocurrir lo mismo que en la guerra?

– ¡Deja ya esa cantinela! – le gritó Domingo con una extraña expresión–, pareces un puto fascista... ¿Tanto te ha cambiado la poltrona?

– Tenéis que acatar las órdenes de los superiores... –insistió Marcel con rabia–, y han decidido que quieren apoyar a los guerrilleros, y nosotros no podemos hacer otra cosa.

– Las necesitamos nosotros más que ellos... ¿Cuándo llegarán las armas? –preguntó Domingo.

– Mañana, se las entregaremos y, a continuación, empezamos a trabajar para tu propuesta.

– No me vengas otra vez con ese cuento.. –susurró con amargura–. Sabes muy bien que no quedará tiempo para ello....

– No para *el Día de la Raza...*, pero habrá más oportunidades.

– No. Mañana vengo con el resto de los compañeros y nos llevamos las armas.

– Eso es traición.

- ¡No! –intervino de forma brusca, con voz fuerte–. La traición al pueblo sería quedarnos parados.

- Si lo haces, será al margen de la organización... No creo que te atrevas...

- ¡Ya veremos! –concluyó apretando los puños.

Se dio media vuelta, y dio un portazo al salir. Marcel lo miró contrariado.

Por la mañana tuvieron una visita inesperada, el asistente del gobernador; quería interesarse por los preparativos para *el Día de la Raza*. Marcel no estaba para esas frivolidades, pero tuvo que hacer de tripas corazón. Cuando entró aquel hombre, López tuvo que bajar la cabeza; lo había visto en el despacho del comisario el día que llegó a Barcelona.

- No debes preocuparte –le dijo Marcel–, los dos nos la jugamos; pero puedes decirle a tu señor que vaya encargando el traje para el juramento de ministro.

- Los falangistas están al acecho, no olvidan lo que le hicimos. Se rumorea que quieren tomarse la revancha.

– No te preocupes, están muy entretenidos con su excursión a Rusia.

– Mucho cuidado con lo que dices..., los que se han quedado son los más peligrosos.

– Confía en mí, no fallaremos.

– Te recuerdo que te lo juegas todo a esta carta...

El asistente no quería marcharse sin bajar al almacén del que tanto le habían hablado y nunca llegó a conocer.

– Necesitaría una alfombra para hacer un regalo... ¿No tendrás algo por ahí?

– ¡Qué gracioso es usted, señor delegado! –dijo Marcel esbozando una sonrisa fingida–. Ahora mismo le acompaña López.

– Termino estas cuentas y bajo –dijo López sin levantar la cabeza tratando de ganar algo de tiempo, por si se le ocurría algo.

A Marcel no le gusto nada la respuesta de López y le lanzo mirada reprobatoria que solo Andrés alcanzó a ver.

– Ya voy yo –se apuró a decir rápido Andrés, y pidió al asistente que le acompañara.

Mientras bajaban las escaleras que comunicaban el almacén con la oficina, Marcel se fue hacia el ventanal desde donde se veía el almacén. Recordó que abajo en el cuarto de Antonio estaban los guerrilleros. Hacia aquel lugar dirigió su mirada, nervioso, temblando; pero no vio ni el menor atisbo de movimiento que pudiera delatar a aquellos hombres. Marcel, aliviado, se secó el sudor de la frente con la manga de la camisa. Andrés y el asistente se perdieron en aquella jungla de mercaderías, pero al poco rato apareció Andrés cargado con un tapiz al hombro. Regresaron a la oficina.

– ¿Cuánto? –preguntó el asistente con cierta ironía.

– Sabe bien que para usted nada...

– Muchas gracias, pero no se olvide que nos tiene que salir todo *niquelao.*

Se despidió y marchó hacia el coche, donde Andrés ya había dejado el tapiz.

No tardó en sonar el teléfono. Era Domingo, quería que recapacitase, le parecía muy grave que tuvieran que enfrentarse. Marcel no creyó que cumpliera su amenaza.

– Si te atreves, atente a las consecuencias.

– Tú eres el que debe pensarlo bien –replicó Domingo.

– Sabes que, aunque cambiara de opinión, ya no puedo hacer nada. Los guerrilleros no se marcharan sin las armas... –replicó Marcel tratando de meterle un poco de miedo.

– No te escudes en ellos... Este asunto tenemos que solucionarlo entre nosotros; no deseo enfrentarme a nadie de los míos –decía Domingo con tono amenazante.

– Te enfrentarás a mí. No hagas tonterías, no estoy solo, hay mucha gente por encima de mí.... No sabes en el lío que podrías meterte.

– A las doce estaré ahí, y nadie impedirá que cumpla mi propósito...

Y colgó sin más.

Serían las siete de la tarde cuando López salió del trabajo. Andrés y Marcel se quedaron preparando la entrega de armas. Antonio se había marchado un rato antes.

López encendió un cigarro y bajó por la Rambla. Iba muy tenso. Le preocupaba aquel sentimiento suyo hacia Malena. No entendía cómo pudo caer en aquella trampa sentimental, él que siempre supo defenderse de todos las embestidas de ese raro sentimiento que algunos llaman amor. Por la calle había mucha gente pidiendo limosna, entonces le vino a la mente todas las mercancías del almacén. Él, con su traje de domingo y bien peinado, quiso aparentar generosidad echando unas monedas en una gorra del suelo. Pensó que le daría suerte. Fumaba con avidez, pronto tiró el cigarro y lo aplastó con rabia. Al llegar se quedó observando el luminoso del "Ave". Le abrieron la puerta y cruzó la cortina de terciopelo. Se dirigió hacia la barra, colocó sus codos sobre ella, pidió una copa de coñac y luego miró para contemplar el panorama. Vio a Malena sentada en una mesa, a su lado estaba Antonio.

Enseguida buscó a Lilí y se fueron hacia los sillones tras la balaustrada, no muy lejos de su compañero   de   trabajo.   Malena   lo   observaba atemorizada, pensaba que en cualquier momento podría hacer algo que no le gustaría. Lilí se encendió un cigarrillo y bebió un trago. López los miraba de forma retadora. Bebía a la velocidad del rayo. Malena pensaba que la tormenta no tardaría en llegar. López levantó el brazo para llamar al camarero, pidió que les pusiera algo a ellos. Malena hizo   un gesto con la cabeza indicando que no, pero Antonio le replicó: nadie podía rechazar una invitación en la casa de la tolerancia. López   se acercó e indicó al camarero que trajera una botella de güisqui. Aquello pareció una barbaridad, muy poca gente podía permitirse aquellos lujos.

- ¿De dónde has sacado el dinero? ¿Has robado la caja? –preguntó Antonio extrañado.

- Mejor que no sepas de dónde ha salido; no te haría ninguna gracia. Bebe como si fuera la última vez....–respondio   López y Antonio le sonrió, pero Malena se llevó la mano a la cara.

- ¿Qué está pasando? –preguntó Antonio ansioso.

- Viene a por ti –respondió Malena   mirando condescendiente a su pareja.

- Salgamos fuera –dijo López apartándose la chaqueta para enseñarle la pistola.

- ¿Quién eres?

López conminó a Antonio para que se levantara y le siguiera. Malena apoyó un brazo y la cabeza sobre el sillón, después se puso a llorar

- ¿Hay alguna habitación libre para nosotros? –le preguntó López a Malena.

- Podéis ir a la mía. Creo que esta noche no la voy a necesitar – después le entregó la llave.

La jefa observaba desde la barra sin perder ni el más mínimos detalle. Cuando se marcharon, Malena se fue a hablarle.

Los dos atravesaron el pasillo, subieron las escaleras y Antonio abrió la puerta. López le pidió que se sentara; él se quedó de pie.

– Soy policía, te sigo desde hace tiempo. Antes me preguntabas de dónde habría salido el dinero para el güisqui; me lo pagaron por denunciar la entrega de armas de esta noche, pero eso no es lo que más me preocupa. Estuve en La Línea, desde allí vengo con la obsesión de que me cuentes hasta el último detalle de lo que ocurrió. No te preocupes por lo que tardes, no tengo prisa. A las doce, cuando lleguen las armas, aquello se convertirá en un polvorín; estarás mejor aquí. Le prometí a Malena que no te haría daño, aunque no tengo muy claro si he de cumplir esa promesa – encendió un cigarro, después le dio otro a Antonio–. Todo dependerá de lo que me convenza tu relato. Sé muchas cosas, lo suficiente como para darme cuenta si me mientes o me ocultas algo; tu vida depende de ello. No creo que sea necesario que te diga más.

Antonio buscó en el armario y, escondido tras la ropa, encontró una botella de güisqui que guardaba Malena para las buenas ocasiones. Vio que estaba tal y como la dejó la última vez que bebieron juntos. No le gustó mucho aquel detalle a López, pero sonrió por la templanza de aquel hombre.

PARTE TERCERA

CAPÍTULO XVI

"Antes de ir a La Línea, tuvimos que detenernos en Málaga –comenzó Antonio su relato–, para entregar mercancía a un rico terrateniente.

Cuando llegamos a su cortijo, a unos kilómetros de la ciudad, nos estaba esperando en el porche con un camarada de Barcelona. En cuanto terminamos las presentaciones nos preguntó si podíamos llevar a su amigo hasta La Línea, donde tenía un "negocio" pendiente. Dicho "negocio" consistía en pedir en matrimonio a la viuda de un camisa vieja fallecido en la guerra. Nos dijo que había conocido a Miguel en Falange luchando en el frente del Ebro. No le pusimos ningún reparo, pero enseguida pudimos comprobar que hicimos muy mal, y no solo porque desde aquel momento consideraron nuestro camión como de su propiedad.

Los peones comenzaron a descargar el trigo y lo iban guardando en un cobertizo. El terrateniente los observaba con sonrisa contenida y con el pecho hinchado. Cuando estaban a punto de acabar, uno de los jornaleros cayó mareado al suelo, los compañeros lo colocaron a la sombra del camión, echaba sangre por la nariz. El cacique pidió al resto de peones que se diesen prisa en terminar, para que nosotros lo llevásemos al hospital, ya que tenía que organizar toda la colocación de la mercancía, tarea que solo él podía realizar. Miré a Adam reclamándole su aprobación y bajando la mirada me la concedió.

Al entrar en el hospital vimos el panorama de la desolación: gente por los pasillos, sin camas, sentadas en sillas; las enfermeras corriendo de un lado a otro, buscando utillaje del que no disponían; los médicos maldecían la falta de higiene.

En Málaga se habían dado múltiples casos de tifus; pero, hasta el momento, ninguno en el cortijo. Alejados de la urbe y con provisiones, habían pensando que no tendrían problemas para sortear la maldita epidemia que estaba asolando la zona y amenazaba con dejar multitud de víctimas. Le entregamos el peón a unos enfermeros y fuimos tras ellos hasta que se encontraron con el doctor, quien nos confirmó que se trataba de tifus y que no tenían ni lo más imprescindible para combatirlo.

– Me conformaría con que dispusiésemos de un poco de jabón –dijo el doctor acostumbrado a todo tipo de carencias.

– Si podemos ayudar en algo...–interrumpí yo tratando de ser amable.

– Hay una fábrica relativamente cerca, medio abandonada. Si alguien pudiera llegar con un camión, seguro que podría conseguir jabón –se lamentó el doctor.

– ¿Y por qué no se lo trae nadie? –le insistí yo.

– Entre otras cosas porque no tenemos gasolina, ni medios de transporte para ir a buscarlo. Mientras, vemos pasear a los de Falange, o a los amigos del régimen. Ninguno quiere prestar su vehículo para cosas mundanas; tendrían que cederlos para tantas otras, dicen, que no podrían usarlos ellos en sus leales obligaciones.

A aquel hombre se le partía el alma, no lloraba, parecía que lo dejase para otros momentos. Se sentía tan solo en medio de aquella multitud de pacientes, sin medicinas suficientes para tratarlos, haciendo lo imposible para salvar algunas vidas.

Adam me miró, sonrió, mitad amargura, mitad diciéndome que aquello era lo que él trataba de explicarme a lo largo del viaje, que el problema de este país era la desorganización, algo que no tardaría Franco en solucionar, y se acabarían todos los males. De eso habíamos hablado muchas veces y ya empezaba yo a conocer al bueno de Adam.

- ¿Dónde está esa fábrica? –le pregunté al doctor.

- ¿Para qué?

- Tengo un camión en la puerta. Iremos a por el jabón.

- ¿Haría usted eso? –me preguntó el galeno extrañado.

- Claro que si...

Adam me taladró con mirada asesina. De nuevo yo me volvía a implicar y me alejaba de la misión entreteniéndome en asuntos que, a su entender, no me correspondían, pero yo no quería ser como aquellos falangistas que paseaban soberbios en sus autos, volando por encima de los mortales.

El doctor nos firmó un papelito en el que ponía que la mercancía era para el hospital y nos dijo que no sabía si aquel hombre salvaría la vida, pero lo iba a intentar. Después en la parte trasera del papel nos dibujó un croquis con el camino que deberíamos seguir.

Nosotros partimos hacia la fábrica. Adam no estaba de acuerdo conmigo. Según él, parecía como si hubiese cambiado, pero a peor; nunca llegaríamos a Gibraltar. Tan cerca nos encontrábamos y cada vez parecía más lejos.

Aquel lugar no se encontraba tan cerca como me pareció entenderle al doctor. Yo pensaba que al llegar nos cargarían el camión y podríamos repartir jabón por toda la capital y ayudar en la lucha contra aquella enfermedad que afectaba más a los que menos tenían.

- A lo mejor deberíamos dejar que la epidemia se extendiera por todo el país y le echaran las culpas a Franco –dijo Adam.

– ¿Alguna vez has lanzado desde tu avión algo que no fuera una bomba? –le respondí con una pregunta– . No recuperaremos este país como tu propones; seríamos peor que ellos.

Al llegar me quedé un tanto perplejo, me pareció que estaba cerrada; pero, aunque la puerta principal de la nave no estaba abierta, logramos entrar por una ventana. Aquello parecía un lugar fantasmagórico, no había nadie trabajando, las cintas de la cadena de montaje paradas, las luces apagadas. Una luz al fondo, era la oficina. Nos acercamos y había un hombre sentado en una mesa.

– Veníamos a por algo de jabón –dije con ingenuidad.

– No hay nada, no nos traen la grasa. Está esperando en el puerto, lleva meses allí sin que a nadie se le ocurra traerla. Por eso los pocos obreros que quedaban desaparecieron; como no hacían nada, se marcharon. Antes el hambre y el tifus se llevó a muchos de ellos. La gasolina está racionada, solo la reciben los *señoritingos* que se pasean con sus coches por las calles para ir a informar a la gente que se muere de hambre que la culpa es de los rojos que dejaron el país en ruinas. Y para nosotros no hay combustible.

- ¿Podríamos traer nosotros la grasa?

Adam me volvió a lanzar una mirada de esas que me hacían recordar que una vez le dije que no podía estar con una mujer porque teníamos una misión importante que cumplir. Supongo que pensó que, poco a poco, me iba volviendo loco, y tal vez tuviese razón. Lo que estaba viendo en aquel infierno me hacía olvidar lo que realmente importaba: que Adam llegase a Gibraltar. Si al menos alguna vez me hubiese mentido para decirme que quería preparar la invasión aliada. ¿Para qué? Supongo que de nada habría servido, que nadie con un mínimo de corazón podía quedar impasible ante lo que iba viendo en aquel paseo por unas nubes que no anunciaban tormenta.

- La habrán tirado al mar –me respondió aquel
  hombre que bebía sin parar.

Tenía unas cuantas botellas vacías esparcidas por el suelo, otras llenas de vino sobre la mesa. Nos ofreció un trago que rechazamos porque el tiempo se nos escurría entre los dedos. Nos acompañó hasta la nave, dio a un interruptor y las máquinas comenzaron a funcionar, pero sin materia prima solo conseguían golpear la cinta y emitir un ruido grave que no hacía más que irritarnos.

- Iremos a buscar la grasa y volvemos.

- ¿Para qué?, ya no hay obreros. Cuando teníamos obreros, carecíamos de grasa; ahora que ustedes nos la quieren traer, no hay obreros –dijo aquel hombre cargado de amargura–. Además, el jabón no se come y lo que necesita este país es comida, y no salvar bocas que comen. Si tienen un camión, lo mejor es que se vayan lo más lejos que puedan. Si abandonan este país de todos los demonios, mejor que mejor.

Lo dejamos con su soledad, esperando a que el vino se le acabase y se decidiera abandonar aquel lugar, para partir hacia ninguna parte.

Yo quería volver al hospital y contarle al doctor nuestra fracasada misión, pero Adam me dijo que me dejara de tonterías y partiésemos hacia La Línea lo más pronto posible, le hice caso; pero antes tendríamos que pasar por el cortijo a cobrar, a despedirnos y a recoger a Miguel.

En la finca escuchamos voces que nos preocuparon. Había mucho jaleo. Peones que se movían. Quintiliano, el terrateniente, y su mujer entraban en la casa chillando, discutiendo.

- Ahora que ha llegado el camión, pueden llevarlos al hospital – le decía la mujer.

- Que no, que allí no pueden hacer nada, que estos están desahuciados. No hay medicina que pueda curarlos, solo perjudicarán a otros. Los llevaremos a los corrales, allí por lo menos estarán aislados. No se qué será de ellos, pero, al menos, no contagiarán a nadie –dijo Qintiliano– . No podemos correr más riesgos.

- Se morirán – decía la mujer.

- Que suban al camión, los llevamos al hospital – dije yo.

Adam movió la cabeza con gesto de desaprobación.

- No –me recriminó Quintiliano–. Vosotros ya habéis cumplido vuestra misión aquí, ya os podéis ir. Lo que tengamos que hacer, lo haremos nosotros. Marchaos lo más rápido que podáis, llevaos a este hombre y ese será el mejor favor que hagáis a la patria –Adam y yo miramos extrañados de lo que acabábamos de escuchar. ¿Quién sería aquella persona para que el terrateniente hablase de aquella forma? Pensé que a lo largo del viaje nos lo contaría.

- Lo siento, pero no voy a permitir que estos hombres mueran como animales –dije poniéndome digno.

El terrateniente miró a su invitado, Miguel, parecía que tratará de pedirle permiso. Este asintió con la cabeza, se despidió de su anfitrión y de la esposa. Pedimos a los enfermos que subieran y, después de cobrar, nos dirigimos hacia el centro médico. Los entregamos al mismo doctor al que le prometimos traerle jabón, supongo que fueron imaginaciones mías, pero me pareció que hubiese preferido el jabón. Nosotros partimos hacia la Línea, pero antes tuvimos que vender un saco de trigo para comprar gasolina.

- No creo que duren más allá del día de hoy – me dijo Adam.

- Pero morirán don dignidad – respondí yo.

CAPÍTULO XVII

Yo tenía muchas ganas de hablar con Miguel. Me interesó la historia que contó el cacique, pero lo primero que hizo fue preguntar si podía quedarse en la parte de atrás, para dormir un poco, pues estaba muy cansado. No me dio la mínima oportunidad. Adam miró por los rotos de las tablas, me parece que desconfió un poco de aquel hombre que no quería charlar con nosotros.

Al anochecer llegamos a la Línea. Al fin. Adam me
miró emocionado y me dijo que me ayudaría a terminar
mi trabajo antes de cruzar la valla. Me sorprendió su
frialdad, yo hubiera corrido como un loco hacia la
libertad. De repente oímos fuertes golpes, era Miguel. A
través de la madera que separaba la cabina de la parte
trasera pudimos escuchar sus gritos de auxilio. Frené
con rapidez y los dos corrimos hacia atrás, unos niños
estaban tirando sacos a la calle, otros los echaban en una
carretilla. Miguel se fue tras ellos, pero uno le puso la
zancadilla tirándolo al suelo, allí los muchachos
empezaron a darle patadas por todo el cuerpo. Mientras
nos acercábamos a ellos, veía cómo lo golpeaban con
saña. Los críos no quisieron enfrentarse a nosotros y
huyeron. Adam me pidió permiso para ir tras ellos.

– No, ya los pillaremos – le respondí.

Cogimos en brazos a Miguel y lo llevamos hasta
el camión. Le dolía todo, pero lo que más la espalda. Oí
un chasquido, luego gritó con rabia. Me pareció que una
costilla se le había roto.

– ¡Cago en la puta, qué dolor!

Llegamos al camión y lo colocamos en la parte
trasera, con las mercancías. Se retorcía y echaba pestes
de los muchachos, se agarraba con fuerza el hombro. Me
dio la impresión de que iba a ser mucho más grave de lo

que en un primer momento pensé. Le pedí a Adam que se quedara atrás con él.

Partimos hacia el cuartel. Un soldado salió de la garita, en cuanto le dije que llevábamos las provisiones levantó la barrera y llamó a otro compañero para que nos acompañara hacia el pabellón de oficiales. Subió a la cabina y fue indicándome el camino.

- Para ahí –me dijo, y entró a buscar a sus jefes.

- ¿Cómo habéis tardado tanto...? Pensé que ya no veníais –grité un oficial.

- Muchos incidentes en el camino.

- Llamé y me dijeron que habían detenido a don Odón.., pero, al parecer, otra persona se ha hecho cargo de todo. Vosotros sois nuevos, ¿no?

- Así es.

Ordenó a los soldados que procedieran a descargar la mercancía, entonces vieron a Miguel.

- ¿¡Qué es esto!?

- Le pegaron una paliza unos críos.

- ¿¡Unos críos!? Se a lo que te refieres... ¡Se van a enterar!

- Se llevaron cuatro sacos –dije yo creyendo haber encontrado la solución para ocultar aquel que tuvimos que utilizar para comprar gasolina. Si hubiese conocido las consecuencias que ello acarrearía, ni se me hubiese ocurrido.

- ¿¡Cómo!?

- Subieron al camión y se llevaron el trigo. Cosas que pasan en estos tiempos de incertidumbre y hambre...

- Eso no se puede permitir –me cortó–. Aquí está el ejército nacional, en una zona de riesgo por la que nos podrían invadir. ¿A quién se le ocurre robar los alimentos del glorioso ejército? No se preocupen sabemos dónde se esconden, lo pagarán caro.

Pidió a varios soldados que cogieran una camilla y se llevaron a Miguel. Nosotros le acompañamos. El médico dijo que Miguel estaba en un estado muy grave y necesitaría un tiempo de reposo.

El comandante nos preguntó si queríamos acompañar al sargento en la busca y captura de los chiquillos que nos robaron; no podía permitir tal ultraje. Aceptamos y nos ordenó que subiésemos a un camión y fuésemos a por ellos, yo temblando porque Adam pudiera levantar alguna sospecha.

Los llevé hasta el lugar donde cayó Miguel. Bajamos allí, para continuar andando. Muchos soldados me parecían a mí para enfrentarnos a unos niños, pero la misión era muy importante.

Nos adentramos por unas calles que cada vez eran más estrechas, ya no había luces que nos alumbraran. Las casas parecían todas deshabitadas, paredes de tierra y piedras, algunas encaladas, tejados sin tejas, con los maderos colgando. No se sabía muy bien si todo aquello era consecuencia de la guerra o del abandono posterior. Al final una casa enorme, pero en muy malas condiciones. Parecía que el techo no tardaría en caerse, y la fachada estaba desconchada. Daba miedo entrar allí, y no precisamente por los niños. Antes de que los militares rodearan el edificio, empezaron a salir corriendo; algunos por la parte de atrás, otros tuvieron que retroceder al ver que los soldados les cortaban el paso.

– ¿¡Qué queréis!?

Se escuchó una voz procedente de la casa, parecía de adolescente.

– Nos tenéis que entregar el trigo que habéis robado – respondió el sargento con el megáfono –. Esa mercancía pertenece al ejército nacional. El castigo es muy grande..., pero si lo devolvéis seremos benevolentes.

– Es que...

Se cortó la voz del muchacho. Al poco rato se asomó a la ventana un soldado.

– Ya podéis pasar..., que es muy de noche para hablar a voces.

Unos cuantos militares habían entrado por detrás y no tuvieron mayor problema en detener a aquellos pequeños. Cuando llegamos los tenían a todos de rodillas, con las manos en la nuca. Enseguida el sargento se hizo cargo de la situación.

– ¿Quién es el jefe!?

Todos miraron a uno que parecía un poco mayor que el resto, pero no tendría ni quince años.

– Yo... ¿¡Qué pasa!? – dijo con una soberbia impropia de su edad.

El sargento se acercó a él con decisión y le propinó dos guantazos en la cara. Luego lo agarró por la camisa y lo sacó de la fila que habían formado en la única habitación de toda la casa que tenía techo. Lo colocaron al lado de la chimenea el chiquillo ni se movía, el sargento pidió que le acercasen una tabla, y con ella le golpeó en el culo. Al darse cuenta de que los pantalones, aunque rasgados, eran de pana, le pegó con mucha más fuerza y, sobre todo, con más rabia. El muchacho trataba de aguantar el dolor, de no mostrar debilidad, pero todos veíamos que no tardaría mucho en derrumbarse. Cuando lo hizo se echó a llorar.

- ¿¡Crees que esas son formas de hablarle a un miembro del ejército nacional!? –le recriminó el sargento, que ya había parado de golpearle.

- No he dicho nada – respondió entre gemidos.

- Encima no me lo reconoces ¡De rodillas!, y pide perdón.

El chaval le hizo caso, aunque parecía que no sabía muy bien por qué.

- ¿Por qué cogisteis el trigo?

- Pasamos mucha hambre. Nuestros padres no nos dan nada, porque ellos lo único que comen son unas hierbas que meten en agua en un puchero y las calientan. Eso es lo que nos daban antes de que nos echásemos a la calle.

- Pero no podéis robar al ejército.

- No sabíamos que era para ustedes. Os lo devolveremos.

Los demás lo miraban con miedo, temblorosos, esperando a que les tocara su turno. No tardó en aparecer el cabo que, sin decir nada, cogió la tabla del sargento y comenzó a golpearlos a todos. Les señalaba los sacos de trigo, pero sobre todo uno que estaba abierto y del que faltaba una buena parte.

- ¿¡Dónde lo tenéis!?

Los niños no decían nada, se quedaron pasmados. El cabo seguía haciendo su recorrido, de un lado a otro, parándose en cada una de las espaldas. Como no le respondían, propinaba golpes más fuertes. A más de uno se le caían las lágrimas. Alguno no llegaría a los diez años, pero el suboficial no se daba cuenta de ello.

- Lo hemos comido – decía el jefecillo gimiendo.

- ¿Crudo?

- Sí, pero le quitamos las cascaras.

- Tendréis que entregarnos otros alimentos en su lugar.

– No tenemos nada –respondió asustado–. Llevamos varios días que no conseguimos nada, la llegada del camión fue un regalo del señor. Queríamos robar la gasolina, pero al descubrir los sacos vimos el cielo abierto.

– ¿Y lo que falta?

– Nos lo hemos comido.

– Falta otro saco.

– No, no había más.

– No me queráis tomar el pelo, no permitiré que unos mocosos se burlen de mi –dijo el sargento que empezaba a enfadarse. Entonces el cabo, que seguía golpeando con el puntero, se detuvo un momento, pero enseguida volvió a pegar a los niños con más saña.

– Le juro por Dios… que no había más.

El muchacho decía la verdad, el que faltaba era el que nosotros habíamos utilizado para comprar gasolina. El robo nos había proporcionado una coartada perfecta para no tener que dar explicaciones, pero ahora no sabía qué hacer.

–   O me dices dónde está o lo vas a pasar muy mal –
    el sargento le quitó la tabla al cabo para golpear
    al líder, lo hacía con más fuerza que nunca

Todos los soldados se quedaron mirando a su jefe, iracundo, arrebatado, poseído por algo sobrenatural. Los demás niños sentían cada golpe que recibía su amigo. Creo que tanto esfuerzo le hizo parar. Entonces pidió a sus subordinados que le trajeran al más pequeño. Lo cogió de los brazos y le preguntó dónde estaba el saco que faltaba. El niño lloraba y no se atrevía a decir nada.

–   Si nos dices dónde está, te vendrás con nosotros
    y te daremos de comer durante una semana.

El niño se chupeteaba la comisura de los labios y los ojos se le pusieron como platos, pero no encontraba ninguna respuesta. El sargento golpeó al pequeño tratando de que el mayor reaccionara.

–   Deja en paz a mi hermano.

Se le escapó al jefe de los chicos, y mucho mejor no lo hubiese hecho, porque espoleó a aquel militar que hacia tiempo que había perdido el alma.

–   Mira qué bien...Ahora pareces   una persona
    mayor, un hombre curtido en mil batallas. Debes
    saber que tú y tu hermano lo vais a pasar muy

mal si no me cuentas la verdad... Por tanto; cuanto antes lo hagas, mejor para todos...

Le pegó en la cara al pequeño. Yo miraba a Adam, y él a mí.

- ¡Pare de una vez! –le grité al sargento– . Ese saco lo entregamos nosotros a cambio de gasolina ...

- Tienes un gran corazón... –me respondió mirándome a los ojos y apretando los dientes–, enorme para los tiempos que corren; pero no te creo y no los vas a salvar.

El mayor de los muchachos, salió corriendo, saltó por la ventana y cayó al suelo, con tan mala fortuna que se rompió un tobillo. No le dio tiempo a quejarse, unas balas de los soldados lo acribillaron. Salimos corriendo hacia la calle y, al verlo, algunos no pudimos reprimir unas lágrimas. El resto de los niños aprovecharon para huir.

- No tenéis remedio –me dijo Adam, quien había permanecido todo el rato callado.

El sargento dio orden de que no los persiguieran, que cogieran los sacos que había, y dio como buena mi versión para justificarse ante el comandante.

Fuimos juntos hacia el cuartel y allí un soldado nos acompañó hasta la pensión donde descansamos un poco. Más tarde quisimos realizar una visita por la localidad.

CAPÍTULO XVIII

Después de lavarnos y alimentarnos, nos apetecía dar una vuelta. Preguntamos a la dueña de la posada dónde podríamos encontrar un poco de diversión y nos indicó que aquella noche había verbena, hacia allá partimos. Adam se quitó el gorro de la cabeza y algunas chicas, que nos confundieron con los ingleses que cruzaban desde Gibraltar, se acercaron a nosotros para que las invitásemos. Al momento apareció un grupo de mozos para llamarnos la atención: estaban muy hartos de que las muchachas se arrastraran por un poco de comida. Las jóvenes, nada más verlos aparecer, se marcharon. Yo hablé con ellos, les dije que era español y logré calmarlos un poco, pero nos quedamos muy solos; hasta que Adam, después de tomarse unos cuantos vasos de vino, se acercó a unas mozas que se apiadaron de nosotros y aceptaron bailar. No estuvimos mucho rato con ellas. Cuando, la que parecía un poco más mayor, le hizo una seña a la otra, pararon y nos dijeron que se marchaban. Nos permitieron acompañarlas a su casa; pero, para nuestra desgracia, consideraron que no nos conocían lo suficiente como para dejarnos subir, aunque nos prometieron que nos veríamos el día siguiente. Nos sentimos como perdedores y nos marchamos hacia la pensión.

Dormimos los dos en la misma cama. Me desperté un poco más tarde y él ya no estaba. Escuché su voz abajo y fui hacia allá. Lo vi hablando por teléfono, lo hacía muy bajito, pero le oí quedar para una reunión. Regresé a la habitación muy contento, no paraba de darle vueltas a la cabeza: Adam era el esperado, el enviado por los aliados para organizar una fuerza que nos libraría del yugo franquista. Imaginé que quiso recorrer España para conocer su realidad, y yo, casi sin pretenderlo, le había enseñado toda la miseria y el hambre del país.

Pensé que tendría que volver lo más rápido que pudiera con los compañeros que dejé en Francia para preparar el regreso, para liberar el país con la ayuda de los aliados, con los que nosotros colaborábamos en Francia.

Desde la cama vi entrar a Adam, con mucho sigilo, no quería molestar. Registró mis pantalones para coger algo de dinero y se marchó; pero, antes de que saliera, yo me levanté para decirle adiós. Me dijo que no le gustaban las despedidas y mucho menos después del afecto que me había tomado. Nos dimos un fuerte abrazo; se fue sin mirar atrás. Yo no pude resistirlo y bajé tras él. Entró en un edificio muy grande, después lo hice yo. Un amplio patio con un pozo en el centro y muchas flores. Como no había nadie, subí las escaleras hasta llegar a la galería que rodeaba toda la primera planta. Me acerqué a una ventana y desde allí pude ver a Adam saludando a una persona que parecía muy importante. Aunque no llevaba traje de militar, a mi me dio la impresión de que lo era, y de muy alta graduación:

– Traigo órdenes directas de Winston Churchill, aquí están mis credenciales – dijo Adam, con acento inglés y con mucho aplomo, después se levantó la camisa y sacó de debajo de los pantalones unos papeles que entregó a aquella persona–. No tenemos nada contra España. Si no apoya al Eje, nosotros la dejaremos en paz.

El mundo se me vino abajo, no podía creer lo que acababa de escuchar. Ni por asomo hubiera pensado algo semejante: la persona con la que yo había cruzado el país, para que nos ayudase a derrocar a Franco, nos estaba traicionando. Todas mis ilusiones de volver a Madrid con un ejército victorioso se desvanecieron en aquel momento. Me llevé las manos a la cara y apreté con fuerza, supongo que quería despertar de aquella pesadilla. Volví a mirar por la ventana, Adam seguía allí.

De repente oí un ruido en el patio. Era Miguel, venía malherido, aún se reflejaban en su rostro las heridas, llevaba cabestrillo. Me escondí en el otro lado de la galería, pero sin perderle de vista. Escuchó voces en la habitación y entró, pistola en mano. Yo me acerqué de nuevo a la ventana.

- ¡Quieto todo el mundo! –les gritó Miguel esforzándose.

- ¿¡Quién es este!? – preguntó el interlocutor de Adam.

- A este –dijo Miguel señalando a Adam con la pistola– lo conozco, vengo tras su pista desde Barcelona. Lo entregaré al ejército para que den

buena cuenta de él... Ahora me gustaría saber
quién es usted.

– Yo soy el ejército – gritó el otro hombre, incapaz
de comprender lo que ocurría.

– Entonces está traicionando a la patria con este
espía.

– Soy el enviado especial que negocia la paz con los
ingleses.

– A estas alturas no engañáis a nadie. Lo que
preparáis es la intervención aliada en nuestro
país. Tú serás un traidor que pretendías
ayudarlos y poner al ejército de parte de nuestros
enemigos, pero, aunque mi trabajo me ha
costado, os he pillado y nadie va impedir que
cumpla mi cometido.

– Así que este es el gran favor que ibas a hacer a la
patria –dijo Adam sorprendido–. ¿Por qué no nos
detuviste en Málaga?

– Quería coger a todos tus compinches.

Yo impertérrito. No daba crédito a lo que veía. No
podía creerlo. ¿Y si Miguel tuviese razón y yo estuviese
confundido? Me martirizaba, trataba de engañarme,
pero era una tarea tan difícil.

- Suelte esa arma ahora mismo y obedezca a un teniente coronel del ejército nacional- le dijo el representante del gobierno español y se llevó la mano al bolsillo interior de la guerrera para mostrarle sus credenciales.

- ¡Quieto o te pego un tiro!   –gritó Miguel blandiendo la pistola. Después preguntó a Adam por mí –¿Dónde está tu compañero?

- Lo dejé atrás. Él no sabe nada, pero lo que te ha dicho el emisario del ejércto nacional es la única verdad.

- Vendréis los dos conmigo. En Barcelona lo comprobaremos.

- Vayamos al cuartel... –dijo el representante del ejército–, allí le confirmarán mi identidad .

- No. Seguro que hay más conspiradores...

Yo no necesitaba oír nada más. Incluso me pareció que llevaba demasiado tiempo allí. Salí corriendo, compungido, sin saber a qué atenerme, sin terminar de creerme lo que me estaba ocurriendo. Paré un momento en la esquina, a unos metros de la casa. De repente, en el cielo, sonó un ruido ensordecedor, se trataba de unos aviones que se acercaban a la ciudad, pensé que se dirigían a Gibraltar. Me extrañó verlos tan dentro de la península, pero enseguida unas bombas cayeron, justo en el edificio donde se encontraba Adam. Aún no habían salido, los cogió de lleno. Las paredes se fueron resquebrajando, desmoronando, y al final se derrumbaron. Sus fuertes cimientos no pudieron resistir el estremecimiento que se produjo. No pensé que alguno pudiera sobrevivir. La calle se llenó de polvo, la casa se convirtió en escombros y también cayeron otras de al lado, empezó a oler a tierra podrida. Muy pronto comenzó a llegar la gente, asustadas, dando voces; bocina de ambulancias y coches del ejército; el humo y el polvo impedían ver. Dudé si entrar a rescatar a Adam o marcharme; estuve un rato indeciso, pero consideré que debía regresar a la pensión para que nadie me relacionara. Cuando estaba cerca de la posada, vi entrar a otro huésped, un italiano. Me dio muy mala espina y me detuve un momento para no encontrármelo en el vestíbulo. Después subí a mi cuarto, me lavé y me senté en la cama a fumarme un cigarro. Pensé que pudiera tener alguna relación con lo ocurrido y mi intuición me llevó a considerar que se tratase de un espía; decidí que al día siguiente lo seguiría. No pude aguantar mis impulsos y, aunque era una imprudencia, me levanté para regresar al lugar del bombardeo. A pesar de que Adam no fuese nuestro salvador, quería saber qué le había pasado. Ya no salía polvo de la casa, la calle estaba abarrotada. Los primeros en llegar fueron los militares, allí vi al sargento dirigiendo a sus hombres que levantaban los escombros. Los cuerpos los sacaban por la casa de la esquina; tal vez pretendieran hacer creer que las bombas impactaron sobre ella. Me quedé entre la multitud de curiosos, deseosos de saber qué habría pasado a sus vecinos. Sacaron un cuerpo, pero no era el de Adam; me pareció que podía ser el del teniente coronel. Los soldados seguían removiendo los escombros. Encontraron otro cadáver, el de Adam. No había mucha luz, los camiones iluminaban el lugar con sus focos, pero lo reconocí; no tuve la menor duda de que estaba muerto. Lo observaba mientras trataba de controlar mis lágrimas. El siguiente que salió fue Miguel. Un poco de pena, un poco de tranquilidad. Ahora podría regresar a Barcelona sin tener que estar pendiente de lo que ocurría a mis espaldas. Vi cómo se los llevaban en una camioneta del ejército, pero no pensé en visitarlos.

Al día siguiente me levanté temprano y me quedé en el vestíbulo hasta que apareció el italiano. Lo seguí, entró en una cafetería, y yo tras él. Se sentó en una mesa donde se encontraba un hombre vestido de paisano, no tardé en darme cuenta de que era el comandante. Sentí que aún no habían terminado las sorpresas. Se fueron a un reservado, yo me metí en el de al lado. Con gran dificultad pude oírles la conversación

- Tu misión ha terminado. La patria nunca olvidará tus servicios –le dijo el oficial.

- Es un placer colaborar con usted, mi comandante –respondió con acento italiano–. Espero seguir ayudándole para que pronto estemos juntos combatiendo al inglés barrigón.

- No te quepa la menor duda. Estos cobardes que quieren abortar nuestra presencia en Rusia, irán cayendo poco a poco; como los de esta noche.

- Ahora debe usted liberar a David. Creo que se lo merece, nos ha ayudado mucho y ya no puede hacernos daño alguno.

- Por supuesto que no lo hará... Murió en el bombardeo...

- ¿Cómo? –preguntó compungido.

- No logró superarlo

Todo estaba claro. Y temblé al pensar que en los nacionales los había más recalcitrantes que los que yo conocía, pero a la vez me sonreía al creer que esa división nos podría venir bien a nosotros. ¡Qué iluso!

Me parece que ya es suficiente. Podría contarle muchas más cosas, todas las penurias y miserias que vimos hasta llegar a La Línea, pero creo que algunas no le interesarían."

López se sintió satisfecho con la narración; encendió un cigarro y le dio otro a Antonio.

- No está mal –le dijo llevándose el cigarro a la boca–. Puede que hayas salvado tu vida, pero no pienses que te voy a soltar.

- Aunque te conozco poco, sé que eres un buen profesional.

- Tienes razón, porque, después de oírte, ganas me daban de mandarlo todo a la mierda. ¿En qué bando me encuentro? Ni siquiera yo lo sé. Bueno, sí, yo solo debo cumplir lo que me ordenan, lo que dice la ley; lo que dicte mi conciencia, tres cojones importa.

- Si me hubieras atrapado cuando creía que Adam era nuestra liberación, no habrías podido retenerme. Ahora no sé muy bien si deseo volver a Francia, irme con los guerrilleros, o que me lleves a una prisión hasta que termine esta pesadilla.

- Con los guerrilleros no cuentes, esta misma noche terminará su aventura. Vete a Francia, si

quieres; combate a los alemanes, pero no pienses
que un día volverás...

Antonio sonrió

- No pienso en otra cosa... ¿Puedo hacer algo para
  salvar a mis compañeros?

- Nada... Ya brindaste a su salud con la bebida que
  pagué con la recompensa.. –Antonio cerró los
  ojos apretando con fuerza–. Tendré que dejarte
  ante el comisario de Barcelona, luego regresaré a
  La Línea a detener a ese comandante, "amigo
  común".

Los dos absortos en la conversación no se dieron
cuenta de que entró Malena con una botella de vino
vacía en la mano y la rompió en la cabeza de López.

- Tienes que marcharte –le dijo a Antonio.

- ¿Y qué será de ti cuando despierte?

- De otras peores he salido. Puede que me vaya con
  él a Madrid –concluyó tratando de aparentar la
  dureza del acero, pero no pudo reprimir una
  lágrima.

Antonio, sorprendido por la determinación con
la que le respondió, la miraba resignado, como quien
quiere algo pero no tiene nada que ofrecer. Le dio un

abrazo, le acarició los ojos y las mejillas, le apartó el pelo. Ella no paraba de llorar, intentaba contener aquel temblor que recorría todo su cuerpo. La cogió de las manos y le apretó con fuerza para darle valor. Luego hizo el ademán de besarle en los labios, ella lo aceptó; pero muy pronto lo separó y le pidió que se marchase lo más rápido que pudiera. Miró a López tendido en el suelo. Antonio le quitó la pistola y partió. Malena lo acompañó hasta la puerta, se quedó mirándolo, se tragó las lágrimas y, cuando lo vio doblar una esquina, regresó a su habitación.

Era una noche cerrada, Antonio corrió todo lo que pudo buscando una oportunidad de salvar a sus compañeros. A medida que se acercaba, le parecía que el almacén se alejaba. Desde la distancia vio los camiones del ejército. Se paró en una esquina, angustiado, trataba de encontrar alguna forma de hacer algo. Un soldado, megáfono en mano, conminó a Marcel y a los que estaban dentro a que se rindieran

En el interior, Domingo seguía discutiendo con Marcel

- ¿Ves lo que ocurre? –decía Domingo apretando los puños–. Esto era demasiado gordo para nosotros. Teníamos que haber fortalecido la

organización en Barcelona antes de meternos en
otros jaleos.

– Lamentarse no sirve de nada, ahora tenemos que
decidir qué haremos.

– ¡¡¡Luchar!!! –exclamó   Domingo con un grito de
desesperación.

– ¡¡¡Luchar!!! –chilló   el jefe de los guerrilleros.

– No tenemos ninguna posibilidad... –quiso
concluir Marcel con voz atormentada y vencida–.
Flaco favor haríamos a la causa... Si morimos
todos ahora, no habrá posibilidad de levantar la
organización en mucho tiempo. Aun en la cárcel,
algo podremos hacer.

– ¡Te has aburguesado! ¡Te has aburguesado! –
repetía Domingo que cogió un fusil de la caja y
salió corriendo hacia la calle. Antes de que los
demás pudieran reaccionar, recibió una descarga
y quedó tendido a la puerta del almacén.

Después recibieron un ultimátum: o se rendían o
no tardarían en sufrir la misma suerte. Las fuerzas
estaban muy descompensadas. El jefe de los
guerrilleros miró a Marcel y este le pidió que tirasen las
armas, todos le hicieron caso. Marcel les dio una
palmadita en el hombro y salieron   con las manos en

alto. Desde la lejanía, Antonio contemplaba la escena, vio cómo los subieron a los camiones y se los llevaron. Él se marchó a esconderse en los arrabales de la ciudad. Al día siguiente partiría hacia Francia sin, ni siquiera, poder despedirse de Malena.

López despertó, se llevó la mano a la cabeza. Malena estaba sentada sobre la cama, esperando a que se levantara del suelo.

- ¿Quién me ha golpeado? –dijo mientras trataba de incorporarse, confuso y tendiendo la mano para que lo ayudara.

- He sido yo –respondió Malena con aplomo, cogiéndolo de los dedos.

- Al final tu amor ha sido más fuerte que el cariño hacia tu hijo –sentado aún en el suelo como si necesitara un poco de tiempo para reflexionar lo que estaba ocurriendo; pero Malena no pensaba igual y se fue a por una palangana de agua que le lanzó a la cara

- Me iré contigo, no le hagas nada al pequeño.

- Ni a él, ni a ti... –le dijo López frotándose las mejillas y, sobre todo, los ojos– . Si has tenido el suficiente valor para hacer esto, no mereces ningún castigo.

– Llévame a Madrid... –suplicó Malena, lanzándole una extraña mirada–. Quiero irme contigo...

– No te preocupes –respondió López con tono tranquilo y sereno, pero lleno de amargura–. No es necesario que mientas, no tengo ninguna oportunidad. Sé cuándo uno ha perdido, y este caso no es nada difícil. No iré tras él, pero que no se quede por aquí, que se marche lo más lejos que pueda.

López se arregló un poco el pelo, se metió la camisa por dentro y se marchó. Descansaría un par de días antes de partir hacia La Línea.

EPÍLOGO

Aquella pensión le pareció más austera que "La Ponderosa". Lo recibió la patrona en el vestíbulo y, tras saludarlo, subieron para enseñarle su cuarto. Dejó las cosas en su habitación, sacó la ropa de la maleta y la colocó en el armario. Después bajó a telefonear a su superior, quien le felicitó por el éxito de Barcelona, pero le recordó que todavía le faltaba lo más importante.

Luego él le contó todos los tejes y manejes del comandante.

– Debes detenerlo…, pero ya sabes cómo están las cosas: ten mucho cuidado y no te precipites. No hagas nada, hasta que tengas todos los cabos bien atados –dijo el comisario desde su despacho de Madrid, después de darle unas caladas a un enorme puro–. El mejor favor que podemos hacer a este país es meter entre rejas a todos los fanáticos que, creyendo que ayudan, lo único que van a conseguir es que los aliados nos ataquen también a nosotros.

– ¿Tanta guerra están dando?

– No solo ellos, hay mucha más gente que los apoya. Si por ellos fuera, no tendríamos solo una división de voluntarios en Rusia: iríamos todos. Trae la cabeza del hijo puta de ese comandante y tendrás el mayor ascenso que jamás hayas soñado. Necesitan un escarmiento para que se les pase esa soberbia que tienen. Atrapa a ese belicoso y harás un enorme favor a la patria. Cuanto más pronto los pongamos en su sitio, mejor será para todos…, y lo que tú me ofreces es una oportunidad de oro.

‒ Pierda cuidado. No me interesan los líos de los
políticos, pero pagará todas su culpas… – dijo con
rabia.

‒ Vale, correcto. Haga usted su trabajo, que del
resto me encargo yo.

El comisario miró su reloj y se percató de que la
conferencia, a pesar de su gran interés, estaba durando
demasiado. Tras la despedida de rigor colgó el teléfono.

A la hora de la comida se sentó en la mesa del
comedor, la dueña les sirvió un gazpacho con mucho
pan duro. López buscaba en el agua tomate, cebolla,
pimiento, o algo que se le pareciera; pero no encontraba
nada. Entonces se acordó de aquellas muchachitas que
deambulaban por "La Ponderosa".

Solo estaban López y otro cliente que lo miraba
de forma recelosa, con mucha desconfianza. La dueña
quiso romper el hielo.

‒ Este es Doménico, un italiano que ya es tan
español como cualquiera de nosotros –dijo la
mujer y aquel hombre se sintió incómodo, dirigió
los ojos hacia la comida sin decir nada.

López lo miró de arriba abajo, como quien acaba de encontrar el eslabón perdido; pero, a la vez, conteniendo su regocijo.

- Encantado... –dijo López–. Todos nosotros tenemos que estar muy agradecidos por lo que nos han ayudado en nuestra gran cruzada...

Ni siquiera aquellas palabras consiguieron arrancarle un gesto de consideración a aquel hombre que no dejaba de comer. En cuanto terminó, se levantó de la mesa.

- Arribederchi –dijo al fin y se retiró a su cuarto

- Hasta luego –respondieron López y la dueña.

Los dos se miraron con gesto cómplice y continuaron dando cuenta del gazpacho.

Al terminar, él se subió a su habitación, se tiró un momento en la cama, encendió un cigarro y se quedó mirando el techo. Pensó que tenía que presentarle sus respetos a aquel turista que tanto tiempo llevaba en La Línea. Lo hizo entrando en el cuarto del italiano con una *astra unceta 400 9x19mm.* Lo despertó inesperadamente de una siesta a la que se había habituado con gran facilidad el transalpino. Se levantó, pero después López, sin dejar de apuntarle, le pidió que se sentara en la cama y le contara todo lo que conocía sobre el bombardeo. Como aquel hombre quiso fingir que no sabía nada al respecto, López volvió a insistir en que él estaba al cabo de la calle y si se salía una coma del guión lo podría pasar mal, removió la pistola para enfatizar sus argumentos. No necesitó mucho para que le ratificara toda la historia que Antonio le había contado en Barcelona. Le aseguró que el comandante era uno de los máximos responsables de la matanza perpetrada la noche del once al doce de julio. También le confirmó que el teniente coronel que murió aquel día se había convertido en el enemigo número uno de los patriotas que querían seguir luchando en el frente ruso, y el que más peleaba para que regresaran todos. Doménico colaboraba con la inteligencia italiana, había informado a sus compatriotas del lugar donde se produciría una reunión que pretendía congratular a España con los aliados. Además, fue el que, colocando los cirios en el tejado, ayudó a sus paisanos a realizar aquel trabajo sucio que se disfrazó de error.

—   ¿Qué sabes de un tal David, hijo de la propietaria de una de las dos casas que fueron derribadas por el bombardeo?

El italiano se sintió muy incómodo con la pregunta, como si no le gustara hablar de ello. Pero no tuvo más remedio que responder en un perfecto castellano que aprendió de oído tras muchas conversaciones, la mayoría de ellas clandestinas.

‒ Era mi colega, trapicheaba en el Peñón, por ese motivo lo recluté para la causa. Me pasaba información que no podía conseguir de otra forma. En el Peñón conoció a Adam, un alto oficial británico, se hicieron muy amigos. David fue capaz de sonsacarle que se estaba preparando un encuentro entre representantes del gobierno inglés y el español. La idea era que España no participase en la guerra de Rusia, y que regresaran las tropas de la División Azul. A cambio España sería tratada de forma amistosa por las potencias aliadas, que en ningún caso apoyarían a los nostálgicos de la República que aún soñaban con volver cuando la guerra terminase. Cuando yo se lo conté al comandante, este tejió una fina tela de araña por la que controlaba a todos los que cruzaban el Peñón. Un error de sus hombres hirió de gravedad a un soldado británico que puso en alerta a Adam. No tardó en enterarse de la traición de David, aunque le perdonó la vida; pero, a cambio de ello, consiguió que este se convirtiera en un agente doble, al servicio de Adam. Este le encargó la tarea de prepararle toda la infraestructura para que él pudiera llegar a La Línea desde el interior.

David se puso en contacto con el teniente coronel, un representante de un sector del ejército y del gobierno que piensa que la guerra la ganarán los aliados y no quieren que ello se lleve al régimen por delante. En el cuartel había muchas reservas sobre aquel hombre; nadie sabía exactamente qué hacía allí, pero el que más receloso estaba de él era el comandante. Un día lo seguí hasta un café que hay en la Plaza Mayor, uno que tiene las paredes de mármol y cristales. Allí se encontró con David. Todo quedó claro, hablaban de que Adam vendría para entrevistarse con él. Acto seguido, seguí a David hasta esta pensión, y consideré que aquí llegaría el contacto esperado. Así que cambié mi residencia y estuve vigilante. Cuando llegó Adam y lo vi hablando con David, me percaté de que era uno de los transportistas que estuvieron en el cuartel, menuda sorpresa se iba a llevar el comandante. Se lo conté y se llenó de rabia. En mi vida había visto a una persona tan alterada, parecía contrariado por la deslealtad de David, como si le hubiese clavado un puñal en el corazón. No tardó en llevarlo a los calabozos del cuartel, donde sufrió la ira de aquel comandante que pareció volverse loco y no paró hasta descubrir el lugar y el momento en que se realizaría la entrevista. No pudo contar nada más, porque no logró resistir tanto sufrimiento y murió. Al enterarse de los propósitos del teniente coronel, el comandante quiso deshacerse de este y, sabedor de los contactos que tengo con la aviación italiana, me propuso un plan. Yo le dije que no había tiempo para ello, pero hablé con mis compatriotas y se ofrecieron de inmediato, pero me pidieron que colocara unas lámparas en el blanco, porque sería de noche. Lo hice, les comuniqué la hora y después pasó lo que todo el mundo conoce.

— ¡Menudos hijos de la gran puta estáis hechos! –interrumpió López enfadado –Seguro que a ese comandante de mierda no lo castigan más allá de un traslado..., pero yo tengo que saciar mi rabia, y solo puedo hacerlo si te pego un tiro; así me resarciré de tanta mierda que he tenido que aguantar todo este tiempo.

— No lo hagas, por favor..., te puedo ser muy útil –dijo el italiano aterrorizado–. Sé muchas cosas..., conozco todo lo que ocurre en La Línea, marca un objetivo y te consigo unos aviones.

La primera idea que se le ocurrió a López fue volar el cuartel, con el comandante y el sargento dentro;

enseguida se lo quitó de la cabeza, pero no se le pasó el enfado.

– Dame una razón para que no te pegue un tiro ahora mismo.

– Puedo ayudarte a cogerlo.

– ¿Cómo? –y sus ojos empezaron a chispear.

– Lo llamaré para una cita, le diré que tengo buenas nuevas..., vendrá de inmediato.

– No está mal la idea... Creo que has salvado la vida..., pero como me traiciones... te mato... Y soy capaz de ir a Italia en busca de toda tu familia.

Le acompañó hasta el cuarto donde se encontraba situado el teléfono, los dos se sentaron junto a la mesa camilla. Parecía un poco nervioso el italiano. La llamada la cogió un soldado al que le dijo que quería hablar con su jefe. López le reclamó que se calmara. Cuando sintió al comandante al otro lado hizo un esfuerzo.

– Tengo algo muy importante que contarle.

– ¿De qué se trata?

– ¿Podemos quedar en la cafetería de la plaza?

– ¿A estas horas ? –se extrañó el comandante.

_ Es algo muy importante.

_ Un momento y voy para allá

López no le había perdido ni un momento de vista, le había auscultado cada gesto, había tratado de leerle el lenguaje corporal, y, no encontró nada que le llevase a pegarle el tiro que antes le advirtió.

Caía la tarde en La Línea y se dirigieron hacia una cafetería en el centro de la ciudad. Doménico le dijo que iba al reservado donde solían hablar en otras ocasiones, López ocupó el del lado. Desde allí vio entrar al comandante, que, sin titubear, se sentó junto al espía y se puso a escuchar las explicaciones del italiano. Una celosía de madera los separaba de López, a través de ella este intentaba que Doménico no le preparase una jugarreta.

- Existe una red de fugas que traslada desde Francia a Gibraltar evadidos de los campos nazis, prisioneros, soldados que tienen que realizar alguna misión –decía el italiano con acento andaluz– , y el cabecilla es Antonio, el que trajo al inglés. Algunos militares españoles no quieren hacer nada..., porque aún piensan en lograr un acuerdo con los aliados –paró y bebió un trago de vino–. Solo usted puede remediarlo, como lo hizo evitando la traición del teniente coronel.

– Sí, tenemos que impedir que este país caiga en
mano de traidores. No hicimos la guerra para que
ganen los aliados y se pongan en nuestra contra...
Dicen que Churchill nunca lo consentirá, que le
teme más a los republicanos que a nosotros, pero
yo no me fío de los franceses...

Aquella bonita conversación fue interrumpida
por López.

– Así que todo lo que me contó este mamarracho
es cierto –dijo mirando al italiano–. Eres el
máximo responsable de la muerte de seis
personas, entre ellas un policía. Te vendrás ahora
mismo conmigo, cogeremos un tren para Madrid.

– No creo que un policía, fiel servidor de la patria,
quiera detener a un digno representante del
ejército, que todo lo que hace es por el bien de
este país y para poner en su sitio a los traidores.

– Yo solo cumplo con mi obligación...

– ¡Tu obligación es defender a la patria! –le gritó el
comandante lleno de ira.

– Eso es lo que hago –replicó López sin alterarse.

–	Eres uno de esos traidores que vais a entregar España a los rojos...,y pretendéis haceros pasar por patriotas...

–	Déjese de sermones y venga conmigo al tren...

–	Antes tendremos que pasar por el cuartel a que recoja mis cosas –dijo el comandante clavando en López una mirada de rencor.

–	¿Me toma por idiota? Cuando lleguemos a Madrid, llame para que se las envíen.

–	¿Y yo? –preguntó el italiano.

–	Vete lo más lejos que puedas, pero te prometo que si se te ocurre alguna locura, no paro hasta encontrarte, incluso debajo de las piedras.

Salió corriendo, tan rápido que disipó la mínima duda que López pudiera tener sobre sus intenciones.

–	Vamos al tren. ¿Quiere que le espose? –le preguntó al comandante.

–	No, no es necesario.

Al salir paró un coche, le mostró la placa de policía y le pidió que lo llevase hasta la estación; aunque también tuvo que enseñarle la pistola. Montaron los dos atrás, el comandante se colocó con disimulo la mano en la cara para pasar desapercibido.

- Te prometo que si me sueltas, te perdonaré.

- No está en disposición de negociar nada – respondió López– . Yo solo cumplo con la ley, le voy a llevar a Madrid..

Llegaron a la estación, y dejó que el conductor se marchara. Cruzaron la sala de espera, fue a sacar los billetes, pero el taquillero le dijo que el primer tren no saldría hasta la mañana siguiente, de madrugada. Él los cogió con resignación y se sentaron en un banco a esperar.

- Mi gente me echará de menos, pronto iniciarán la búsqueda.

- Nos quedaremos aquí. Creo que es el mejor lugar para escondernos.

Ninguno de los dos logró dormir y, aunque con pasmosa lentitud, también aquella terrible noche terminó al alba. Amaneció y llegó un grupo de soldados encabezados por el sargento, que se acercó a López para preguntarle.

- ¿Qué está ocurriendo aquí?

– Me lo llevo a Madrid. Es un traidor a la patria – respondió López sin titubear.

– ¿Se ha vuelto loco? No permitiré que haga lo que pretende –replicó el sargento–. Me lo entrega y todos tan amigos. No me ponga las cosas más difíciles.

– Soy policía. Tendrá usted complicaciones si trata de impedir que me lo lleve.

– Me parece que se ha metido en un lío..., y muy grande –dijo el suboficial volviendo la mirada hacia los soldados.

El comandante observaba la conversación, pero no estaba muy convencido de que le agradara la presencia de sus subordinados. Mejor hubiera deseado que se lo llevase sin que nadie se enterase.

– No tenéis jurisdicción aquí. A no ser que me traiga una orden de la autoridad civil, no puede hacer nada.

– ¿Está seguro? –preguntó el militar con arrogancia.

– Usted lo sabe mejor que yo.

– Estos son mis papeles –dijo señalando a los soldados y, al instante, estos se colocaron en posición de prevención.

López no se amedrentó, sacó su pistola y la puso sobre la sien del comandante.

- Al primer movimiento le pego un tiro. ¡Tiren todos sus armas!

Esto hizo recular al sargento, que ordenó a sus hombres que le hicieran caso.

- ¡Usted no tiene ninguna autoridad en este lugar! – le gritó el sargento– . Esto es cosa de la policía de La Línea, voy a buscarlos ahora mismo. Puede ser que el detenido sea usted.

- Vaya y lo veremos

- No se preocupe, mi comandante, en un momento estaré aquí.

 Y se fue hacia el camión

- Que se vayan también ellos –gritó López para que lo acompañasen el resto de soldados.

- No, se quedan –dijo el sargento ordenando a unos cuantos que se desplegaran y vigilaran a López para que no se marchara.

Los demás subieron a aquel viejo trasto que al momento comenzó a rugir. Se acercaba la hora de la partida y ellos fueron hacia el andén para sentarse a esperar en un banco. Al ver que llegaba el tren, el comandante corrió hacia el. López pensó que pretendía cruzar la vía para escaparse; pero no fue así: se abalanzó sobre la locomotora y lo golpeó con dureza. Cuando pasó el tren, pudieron ver sobre la vía su cuerpo hecho jirones. Unos soldados bajaron para sacarlo de allí, aún tenía un hilo de vida. López se puso de cuclillas delante de él y le preguntó.

– ¿Dónde están los cuerpos de Miguel y Adam?

El comandante hizo un gesto con la mano y él lo cogió por el hombro incorporándolo un poco. Después el militar intentó responderle.

– Nunca lo sabrás. Aquel muchacho... –le respondió con voz casi inaudible,

– ¿Qué muchacho?

– El que está en coma –agarró a López del cuello para acercar el oído a su boca–. Se llevará el secreto a la tumba...

No pudo decir nada más. López le cerró los ojos y lo dejó caer con suavidad sobre el andén. Se levanto y se dirigió hacia el tren. Algunos hombres y mujeres que esperaban se acercaron a verlo. Él fue atravesando entre la gente, como si aquella historia ya no le perteneciera. Unos lo miraban a su paso, otros le increpaban; pero él, con la mirada perdida, no quiso responder. Subió hacia su compartimento sin volver la vista atrás, se sentó y esperó. Ni siquiera se acercó a la ventanilla para ver cómo se llevaban a aquel hombre que tanto había dado por su patria.

Tras reincorporarse a su puesto en Madrid entró en el despacho del comisario, donde recibió todo tipo de felicitaciones. Le preguntó a este por qué no aparecía el suceso en ningún periódico; la respuesta fue que, según sus superiores, no era conveniente emitir noticias sobre suicidas: eso solo conseguiría animar a otros que dudaban.